Adivinación con DOMINÓ

Adivinación con DOMINÓ

Sara Zed

Grupo Editorial Tomo, S. A. de C. V.
Nicolás San Juan 1043
03100 México, D. F.

1a. edición, octubre 2003.

Sara Zed
Astrolog Publishing House
P.O. Box 1123, Hod Hasharon 45111, Israel
Tel. 972-9-7412044
E-mail: info@astrolog.co.il
www.astrolog.co.il

Nicolás San Juan 1043, Col. Del Valle
03100 México, D.F.
Tels. 5575-6615, 5575-8701 y 5575-0186
Fax. 5575-6695
http://www.grupotomo.com.mx
ISBN: 970-666-863-2
Miembro de la Cámara Nacional
de la Industria Editorial No 2961

Traducción: Luigi Freda E.
Diseño de portada: Emigdio Guevara
Supervisor de producción: Leonardo Figueroa

Impreso en México - *Printed in Mexico*

PRÓLOGO

Cuando era niña, el dominó estaba inseparablemente ligado a mi vida familiar. Todas las noches, después de la cena, mi padre limpiaba la mesa grande en la sala de estar, y él y sus amigos (a veces también mi madre) pasaban horas jugando dominó; creaban largas hileras de pedazos de madera negra con puntos blancos, llevaban una lista de los puntos y se sentían felices si ganaban y desdichados si perdían. En los días que precedieron a la televisión, jugar al dominó era una manera agradable de pasar el tiempo libre.

Comenzar el juego significaba una ceremonia completa: mi padre limpiaba y pulía la mesa, y entonces traía la caja del dominó. La caja estaba hecha de madera de boj y las fichas del dominó en su interior estaban envueltas en tela verde. Mi padre sacaba las fichas, las extendía en la mesa, y las ponía boca abajo, de manera que la flor tallada en su dorso mirara hacia arriba.

Me encantaba el juego de dominó de mis padres... pero me encantaba aún más el dominó de mi abuela.

Ella no se unía a los hombres. Tenía una bolsa de cuero que contenía fichas de dominó. A veces, en la noche, se sentaba en la mesa de cocina, extendía las fichas en la mesa, las invertía y las revolvía. Entonces alguien (mi padre, mi madre, uno de los huéspedes o incluso yo) seleccionaba unas cuantas fichas del dominó y se las entregaba. Mi abuela las miraba fijamente y empezaba a hablar, y las caras de las personas brillaban de alegría o se quedaban pálidas por la preocupación...

"Abuela, ¿qué estás haciendo?", le preguntaba repetidamente. Recuerdo que en ese tiempo, cuando mi cabeza apenas alcanzaba la mesa, con el fin de ver mejor, me subía a la silla y ponía los codos en la mesa.

"Cuando crezcas, te enseñaré también", mi abuela contestaba una y otra vez.

Cuando tenía unos diez años de edad, mi abuela empezó a enseñarme los secretos de las fichas de dominó y cómo predecir el futuro con ellas (incluso aunque mi madre afirmaba que yo aún era demasiado joven). En apariencia, la abuela sabía lo que era mejor; cuando cumplí trece años, murió.

Recordé por años lo que la abuela me enseñó, incluso aunque no toqué las fichas del dominó por años. Aprendí a leer la palma de la mano, las cartas de Tarot, los posos de café, y me hice de una reputación como mística. A menudo encontraba la adivinación con fichas de dominó, y cada vez recordaba a mi abuela y lo que me enseñó.

Hace unos tres años, fui de excursión a Nepal, a una edad en que mis hijos ya estaban pensando en la educación universitaria y las bodas. Ahí, en Nepal, encontré la adivinación Mu, y mi primera reacción fue: "¡Es exactamente como el dominó de la abuela!"

Cuando volví de mi viaje, empecé a estudiar y a investigar el método Mu, y reuní toda la información sobre las fichas de dominó.

Este libro, que presenta la predicción del futuro mediante fichas de dominó y un resumen del método Mu, es el fruto de dos años de estudio e investigación.

Dedico este libro a mi abuela, quien me puso en el camino del misticismo y me enseñó los secretos de la adivinación.

Sara Zed

INTRODUCCIÓN

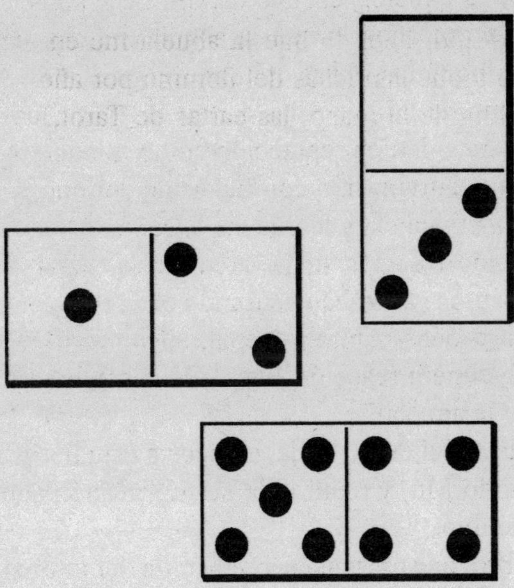

En el principio, eran piedras, no fichas de dominó, sino simples piedras o guijarros que se empleaban en alguna forma para predecir el futuro. Por ejemplo, en la antigua China se lanzaban tres piedras y el futuro se predecía de acuerdo a la forma en que caían. Con el paso de los años, se volvieron más sofisticados los métodos para predecir el futuro empleando piedras. Algunas personas lanzaban piedras en un círculo o algún otro diseño, y predecían el futuro de acuerdo al lugar en que cayeran. Otros marcaron las piedras con diversos signos, y podían predecir de acuerdo a la que piedra que se seleccionara.

Esta no es la evidencia más antigua de "piedras para predicción". En África central, los arqueólogos descubrieron piedras marcadas con grabados semejantes a flechas en excavaciones prehistóricas. En un sitio de excavación prehistórica en la fuente del río Jordán, se encontraron fragmentos de hueso con una línea recta de puntos en un lado y un círculo grande en el otro. La suposición es que las piedras y los huesos se empleaban en algún tipo de predicción... por ejemplo, poner las piedras en una bolsa pequeña, seleccionar una piedra sin mirar y hacer una predicción de acuerdo al signo tallado en la piedra.

De manera similar, se desarrollaron otros métodos de predicción basados en piedras, huesos, conchas y fragmentos de madera o de concha de tortuga (el bien conocido "I Ching" se desarrolló con conchas de tortuga). El principio en cada caso era el mismo: se toma y se marca un conjunto de objetos ordinarios "idénticos" (piedras, conchas, etc.) y el futuro se predice de acuerdo al objeto que se seleccione.

En la actualidad, estamos familiarizados con métodos de predicción del futuro y de profecía que se basan en los antiguos métodos antes descritos, por ejemplo, en las runas. Éstas son el desarrollo lógico de la adivinación de la antigüedad con piedras o huesos. También esto es cierto de la predicción con dados, en la que estos se lanzan, y las predicciones se hacen de acuerdo a los valores numerológicos de los resultados.

Es importante comprender que la predicción con todos estos métodos se relaciona con el objeto. En otras palabras, en el ejemplo de las runas, hacemos predicciones de acuerdo al signo que está tallado en la runa que se selecciona, y no de acuerdo al número de runas en nuestras manos, o a la forma en que se esparcen cuando se lanzan. Incluso cuando utilizamos diferentes formas de lanzar, y cada pieza queda en una posición especial, la adivinación se lleva a cabo de acuerdo a la pieza; la ubicación sirve principalmente para determinar el dominio en que la interpretación se hace (pasado-presente-futuro, amor, relaciones, dinero, el peticionario mismo, el otro yo, etc.). La importancia de la ubicación se ampliará en el capítulo respecto a las presentaciones de las fichas de dominó.

Las fichas de dominó son la manifestación más importante de las artes tradicionales de la predicción del futuro mediante piedras u objetos similares.

Las fichas de dominó, con la forma que nos es familiar en la actualidad, aparecieron por primera vez en el siglo VI, y la evidencia de su existencia se ha encontrado en Europa (en donde ahora se encuentran Italia, Francia y España) y en el Lejano Oriente (principalmente en Tíbet y Nepal). El método oriental se llama Mu, y más adelante revisaremos esta teoría a mayor profundidad.

Las fichas de dominó, como evolucionaron finalmente durante la Edad Media (las fichas que conocemos en la actualidad son idénticas al dominó incrustado de marfil de 1557, que se exhibe en el museo de Perugia, Italia), son pequeñas fichas de hueso, madera, marfil o barro, con números o puntos en un lado, mientras el otro lado está vacío o decorado, y es idéntico en todas las fichas de un juego particular. (Las fichas de dominó con imágenes de animales, flores y demás, no se emplean para predecir el futuro.) Con el paso de las generaciones, evolucionó el "juego" de 28 fichas. Cada ficha de dominó está dividida en dos mitades, cada una conteniendo un número del cero al seis, o uno a seis puntos, con la opción de que no tenga puntos (cero). Los juegos de dominó en que existen más de seis "puntos", por ejemplo un juego que contiene fichas con valores hasta de 12/12, se emplean sólo para jugar, no para adivinación.

Se llaman "fichas numeradas" a las fichas de dominó que exhiben números del cero al seis en lugar de puntos, y son las que emplean principalmente las personas que predicen el futuro con el dominó. Recuerda que tenemos (en ambos casos), fichas de dominó que contienen la gama de posibilidades de cero/cero (ausencia total de puntos) a seis/seis (el máximo número de puntos, doce en total).

Es importante enfatizar (por eso la letra en negrita) que no existe conexión entre la numerología y las fichas de dominó o entre la numerología y la adivinación con las fichas. En el contexto del dominó, empleamos térmi-

nos como "seis/tres" o "cuatro/cuatro", pero sólo es una forma abreviada para la expresión torpe "una ficha de dominó con seis puntos en una mitad y tres puntos en la otra", etc. Por desgracia, existen demasiados charlatanes que interpretan las fichas de dominó como si tuvieran valores numerológicos de algún tipo. No, no, ¡no! No existe conexión. Las fichas de dominó son especiales y únicas, y cada una tiene su propia interpretación sin vínculo alguno con la numerología.

Del siglo XVI en delante, las fichas de dominó se emplearon en juegos y como herramienta de videntes y adivinos. Los lectores que estén familiarizados con los diversos métodos de predecir el futuro, de inmediato notarán la semejanza entre las cartas del Tarot y el dominó. Al menos en este contexto, sabemos que las cartas se desarrollaron, en paralelo, como un método de adivinación o para transmitir el conocimiento mágico (cartas de Tarot) y como cartas de juego (para adultos y para niños). Lo mismo es cierto del dominó. Junto con su uso de predicción o mágico, se desarrollaron juegos de dominó para adultos y juegos para niños basados en fichas que en su mayor parte estaban ilustradas.

(Como comentario, mencionaré que existe un método de predicción que vincula las cartas de los Arcanos Mayores en la baraja del Tarot [22 cartas] con las fichas de dominó. En este método, no se emplean las fichas de dominó que tienen una mitad en blanco. Sin embargo, la doble blanca [cero/cero] sí se emplea, y se llama "Comodín", como en las cartas de juego. Así, tenemos 22 fichas, cada una de las cuales se vincula con una carta de Tarot diferente:

0/0 – El Bufón

1/1 – El Mago

2/1 – La Suma Sacerdotisa

3/1 – La Emperadora

4/1 – El Emperador

5/1 – El Sumo Sacerdote

6/1 – Los Amantes

2/2 – El Carro

3/2 – Fuerza

4/2 – El Monje

5/2 – La Rueda de la Fortuna

6/2 – Justicia

3/3 – El Ahorcado

4/3 – Muerte

5/3 – Templanza

6/3 – El Diablo

4/4 – La Torre que Cae

5/5 – El Sol

6/5 – Día del Juicio

6/6 – El Mundo

El significado de las fichas de dominó, según este método, es idéntico a la interpretación tradicional de las cartas de Tarot.

Este libro no aborda el método anterior, sino que se concentra en las fichas familiares y únicas del dominó y no en las cartas del Tarot).

La forma más extendida en que las fichas de dominó se emplean para predecir el futuro es como sigue:

1. El adivino saca las fichas de dominó de su caja (de madera o cuero) o bolsa (de tela o cuero). Es importante enfatizar que con el fin de impedir que las energías negativas se vinculen con las fichas de dominó, no se deben conservar en un recipiente de metal o de plástico, ni en una bolsa de polietileno.

2. El adivino extiende las fichas de dominó sobre una superficie de madera o tela, con el lado liso hacia arriba, de manera que sólo se vean sus "dorsos" (en otras palabras, que no se puedan identificar por sus marcas).

3. El adivino revuelve las fichas de dominó con movimientos circulares, en sentido contrario al de las manecillas de un reloj (se debe tener cuidado en que las fichas no se volteen y muestren sus marcas).

4. El peticionario recoge una ficha de dominó y la pone en la mesa sin voltearla. Ésta es la "ficha de dominó del buen consejo".

5. El peticionario selecciona una segunda ficha de dominó y le da la vuelta. Ésta es la ficha que se emplea para predecir el futuro, y se llama la "ficha de dominó de predicción".

Ahora el adivino examina la segunda ficha, la interpreta y responde las preguntas y deliberaciones del peticionario. El método tradicional de interpretación no se relaciona con la ficha en sí, sino con la combinación de números o puntos en su superficie (6/1, 3/3, etc.). Por esta razón, la palabra "combinación" se emplea cuando se relaciona con una ficha particular de dominó. Así lo he empleado en todo el libro.

Si el adivino siente cualquier tipo de inseguridad o contradicción entre su sentimiento y la interpretación de la ficha de dominó, toma la primera ficha que se puso en un lado, la voltea y la consulta. Por eso es que esta ficha se conoce como la "ficha de dominó del buen consejo".

Es obvio que el adivino también puede ser el peticionario. En ese caso, la persona tan sólo consulta las fichas y lleva a cabo todo el procedimiento por sí mismo.

El significado básico de la "ficha de dominó de predicción" o de la "ficha de dominó del buen consejo" es idéntico, y es el significado detallado lo que aparece después.

Es importante recordar que al emplear fichas de dominó para predecir el futuro de acuerdo al método occidental/europeo (discutiremos el método Mu más adelante), no hay diferencia entre 6/1 y 1/6. En otras palabras, toda ficha se interpreta de acuerdo al conjunto de números o de puntos en su superficie sin atribuir importancia alguna a cómo consideremos la distribución de los puntos en la ficha del dominó. De manera similar, las fichas "dobles" (0/0, 1/1, 2/2, etc.) no tienen significado, ni tampoco las fichas de dominó cuya combinación de puntos produce una suma idéntica (6/0, 5/1, 4/2, 3/3... la suma de cada caso es seis, pero este hecho no tiene importancia).

En su forma básica, emplear las fichas de dominó para predecir el futuro es en extremo simple: tomas una ficha de dominó, el dominó de predicción, lo interpretas de acuerdo a la interpretación que se presenta en este libro, y utilizas la ficha de dominó del buen consejo para ayudarte, si es necesario.

Con el paso de los años que han transcurrido desde el siglo XVI, se han elaborado diversas presentaciones de fichas de dominó. Las cinco presentaciones que se emplean con mayor frecuencia en la actualidad utilizan dos a cinco fichas. El procedimiento que es común a todas ellas es el siguiente:

1. Revuelve las fichas de dominó en la manera básica que se describió antes.

2. Selecciona de dos a siete fichas de dominó y colócalas de acuerdo al modelo de la presentación que desees emplear, con la cara hacia arriba, en otras palabras con los puntos o los números visibles (a menos que se exponga lo contrario en la descripción detallada de la presentación). En ciertas presentaciones, también se selecciona una ficha de dominó de buen consejo.

3. Interpreta cada ficha por separado, de acuerdo al significado que se presenta en el libro, conforme a la ubicación de la ficha en la presentación, y conforme al orden mencionado en la descripción de la presentación.

4. De ser necesario, construye una imagen general de los significados de todas las fichas en la presentación.

Como dijimos antes, describiremos cinco presentaciones básicas en detalle más adelante: La presentación yo/él, la presentación del triángulo (yo/él/ella), la presentación del pentagrama, la presentación de siete, y la presentación mágica (o de herradura).

Ahora vamos a clasificar los dados Mu, que son las bien conocidas fichas de Oriente que se emplean para predecir el futuro y están muy difundidas en el Tíbet y Nepal.

Los dados Mu son diferentes a las fichas de dominó en varios aspectos. Sin embargo, el método de interpretación, que da un significado único a cada dado, ya que un lado (los dados Mu están hechos principalmente de madera) presenta los "puntos" y el otro es liso o decorado y es idéntico en todo a los dados en el conjunto Mu... es idéntico.

1. En el conjunto Mu, existen 36 dados, en oposición a las 28 fichas del juego de dominó occidental.

2. No se emplea el cero en los dados Mu. Los números van del uno al seis.

3. No hay números o "puntos" en los dados Mu (tampoco había en el pasado distante), sino más bien sílabas talladas en la madera. Cada sílaba representa un número del uno al seis, y es básicamente un mantra. Así, cada dado Mu tiene dos mantras: uno "derecho" y otro "izquierdo". Las sílabas son:

AAH - 6 ཨ་

TSAA - 5 ཙ༔

NAA - 4 ན་

PAA - 3 པ་

RAA - 2 ར་

DHI - 1 དྷཱི༔

4. Cuando se utilizan dados Mu para predecir el futuro, existe un proceso de decir los mantras antes de emplear los dados, además de un "deber" de pronunciar el nombre de cada dado en la predicción en voz alta muchas veces.

5. Como mencionamos antes, son 36 dados Mu. Esto surge del hecho que cada dado Mu representa una sílaba "numérica" en el lado derecho, y una segunda sílaba "numérica" en el izquierdo. En otras palabras, existe diferencia ente 6/1 y 1/6, lo que significa, de hecho, que son dos dados Mu que tienen significados diferentes.

En consecuencia, tenemos los siguientes dados Mu:

Mantra Izquierdo	Mantra Derecho	Símbolo Numérico	
DHI	DHI	1/1	
RAA	DHI	2/1	
PAA	DHI	3/1	
NAA	DHI	4/1	
TSAA	DHI	5/1	

AAH	DHI	6/1	ཨ་ ཌྷཱིཿ
DHI	RAA	1/2	ཌྷཱིཿ ར་
DHI	PAA	1/3	ཌྷཱིཿ པ་
DHI	NAA	1/4	ཌྷཱིཿ ན་
DHI	TSAA	1/5	ཌྷཱིཿ ཙ་
DHI	AAH	1/6	ཌྷཱིཿ ཨ་
RAA	RAA	2/2	ར་ ར་
PAA	RAA	3/2	པ་ ར་
NAA	RAA	4/2	ན་ ར་
TSAA	RAA	5/2	ཙ་ ར་
AAH	RAA	6/2	ཨ་ ར་

RAA	PAA	2/3	ར་ པ་
RAA	NAA	2/4	ར་ ན་
RAA	TSAA	2/5	ར་ ཙ་
RAA	AAH	2/6	ར་ ཨ་
PAA	PAA	3/3	པ་ པ་
NAA	PAA	4/3	ན་ པ་
TSAA	PAA	5/3	ཙ་ པ་
AAH	PAA	6/3	ཨ་ པ་
PAA	NAA	3/4	པ་ ན་
PAA	TSAA	3/5	པ་ ཙ་
PAA	AAH	3/6	པ་ ཨ་

NAA	NAA	4/4	ན་ ན་
TSAA	NAA	5/4	ཙ་ ན་
AAH	NAA	6/4	ཨ་ ན་
NAA	TSAA	4/5	ན་ ཙ་
NAA	AAH	4/6	ན་ ཨ་
TSAA	TSAA	5/5	ཙ་ ཙ་
AAH	TSAA	6/5	ཨ་ ཙ་
TSAA	AAH	5/6	ཙ་ ཨ་
AAH	AAH	6/6	ཨ་ ཨ་

Más adelante se proporcionará una interpretación más completa de los dados Mu.

Ahora pasaremos a la parte central del libro:
la interpretación completa de las 28 fichas de dominó.

La interpretación de las 28 piezas de DOMINÓ

Las fichas de dominó se interpretan de acuerdo al orden establecido por S. S. Waite (no el Waite que creó la bien conocida baraja de Tarot). Él afirmaba que las fichas de dominó se deben interpretar en forma piramidal, a lo que llamó "los pasos de la pirámide". Waite también afirmó que la disposición de las fichas de dominó en este orden contiene mucho poder mágico y creó amuletos en que los números o puntos de las 28 fichas se tallaban en un "orden piramidal". Utilizó un amuleto de este tipo en su cuerpo desde la edad de 37 años hasta su muerte a una edad bastante avanzada.

0/0						
0/1	1/1					
0/2	1/2	2/2				
0/3	1/3	2/3	3/3			
0/4	1/4	2/4	3/4	4/4		
0/5	1/5	2/5	3/5	4/5	5/5	
0/6	1/6	2/6	3/6	4/6	5/6	6/6

0/0

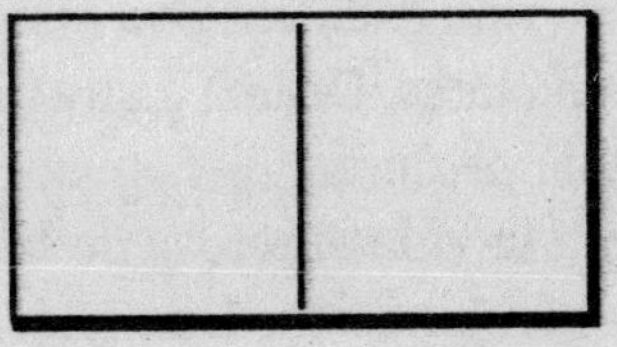

Esta ficha de dominó no augura nada bueno. Para decir la verdad, es la peor combinación* de todas. Sólo puede ser benéfica para personas con corazón y pensamientos maléficos... en otras palabras, para artistas naturales del engaño.

Para la persona que es pura de corazón, la combinación predice desilusión y fracaso que encuentra difícil de superar o del que no puede liberarse. Si aparece esta combinación, debe prepararse para un periodo difícil y estar dispuesto a aceptar las situaciones en que se encuentra, como un destino al que debe hacer frente y corregir ya que no hay forma de escapar de eso. Después de expresar lo anterior, debe fortalecerse con el conocimiento de que es un periodo breve y temporal que tiene la intención de darle el vigor contra cualquier crisis similar que pueda presentarse en el futuro. Esta combinación, en general, indica una "caída" muy dolorosa, sea que la persona sea víctima de un acto de fraude, engaño o embuste, o que experimente el colapso de una relación en que creía,

*La combinación de los números o puntos en cada ficha de dominó. Ver la introducción.

y que se desintegró frente a sus ojos, causándole gran dolor, confusión o desorientación.

Si la persona a la que se está prediciendo el futuro está metida en una relación amorosa que considera eterna y el amor de su vida, esta combinación indica que está equivocada y se está engañando. La relación se romperá y desintegrará. Es probable que este hecho salga a la luz en un momento, cuando se haga pedazos la ilusión, o durante un periodo más largo en el que la persona verá cada vez con mayor claridad que su amor tan sólo era una farsa. De una u otra manera, su amor no tenía oportunidad de perdurar.

Otra pista sobre la vida amorosa de la persona se puede descifrar con esta combinación. Una relación débil (incluso si dura largo tiempo) no producirá gran felicidad a la persona. Será una relación compleja y problemática, que le exija mucho esfuerzo y energía de la persona de manera que no es seguro que valga la pena llevar a cabo este "proyecto", y podría ser mejor que desista por adelantado.

Si la persona está gastando demasiado esfuerzo en asuntos de dinero, esta combinación augura falta de éxito. Si tiene el propósito de invertir su dinero de cierta forma, será una advertencia de que deje el plan. El significado de esta combinación es exclusivamente desilusiones de toda posible inversión financiera, e incluso pérdidas graves. No sólo no vale la pena que la persona invierta su dinero de alguna manera en el futuro cercano, sino que si participa en loterías o juegos de dinero del tipo que sea, puede esperar pérdidas dolorosas.

Es más, esta combinación indica una situación económica dura en el futuro cercano, además de problemas de efectivo, o una incapacidad para controlar ingresos anticipados. Las ganancias, incluso si proceden con regularidad de un negocio "establecido", se encogerán al mínimo. La persona puede esperar pasar por un periodo difícil, desde un punto de vista financiero y económico, y sólo si se prepara correctamente, podrá superarlo con un mínimo de daño. Sufrir grandes pérdidas o sólo ser un asunto de pasar por un periodo de economía apretada, se debe recordar que es un periodo breve, y si sabe prepararse desde el punto de vista mental, la dirección sólo será "hacia arriba" en el futuro.

Esta combinación, como dijimos antes, puede ser benéfica sólo para artistas naturales del engaño, mentirosos y estafadores, en los que el engaño es innato. Son personas que siempre se las arreglan para obtener lo que desean, y nada se interpone en su camino. Son las personas con fuertes "codos", las que son agresivas para su propio beneficio, que saben cómo obtener lo que es su parte y por lo general también cómo lograr la meta u objetivo que se fijan sin demasiadas dificultades. Esta combinación es buena para ellos, y presagia el éxito, tanto en lo económico como en lo social. Por medio de manipulaciones, pueden tener éxito casi en cualquier campo en el futuro inmediato, y para ellas, el futuro es favorable y prometedor (¡pero no olvides que su éxito significa gran daño para otros!).

0/1

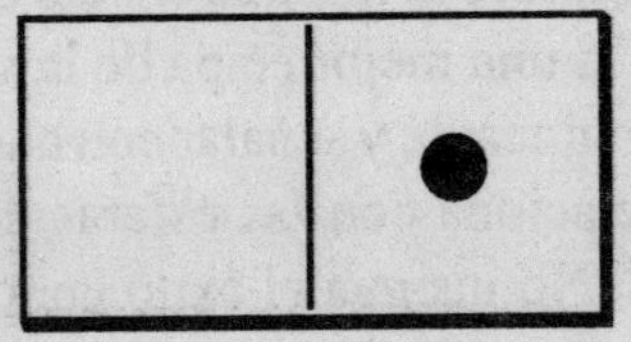

La ficha de dominó con esta combinación implica avances positivos en el campo del amor, tanto para quienes aún son solteros, sin pareja, como para quienes tienen una relación.

La persona que desea encontrar una pareja, pronto encontrará a alguien de su completo agrado y con quien pueda tener una relación apropiada y agradable. Incluso si no es permanente, será benéfica para ambos, en el futuro inmediato, disipará su soledad y apuntalará su autoconfianza.

Las personas que toman parte en cualquier tipo de relación emocional, pronto sentirán como si el vínculo con su pareja se estuviera haciendo más fuerte, y que están progresando a una etapa distinta, lo más probable es que sea a la "siguiente" etapa volviendo oficial la relación. Las parejas cuyos vínculos sean débiles también los fortalecerán, y las parejas de largo plazo también pensarán en un futuro compartido, incluyendo el matrimonio.

Esta combinación indica una etapa de transición en todo lo que tenga relación con la vida emocional. La persona cuyo futuro se está prediciendo pronto estará más feliz, satisfecha con su suerte y en concordancia con los pasos que está dando. Incluso si este periodo de transición está acompañado de deliberaciones, confusión o miedo, en último término, cuando se tome la decisión, la persona estará calmada y segura de sí misma, y lo demás sucederá por sí mismo. En cualquier caso, esta combinación representa una pista positiva para el futuro, y una pista en un periodo de transición, que se debe considerar, incluso si implica ciertas dificultades, como un tipo de "paso" a una mejor etapa de la vida.

Se debe hacer hincapié y señalar con claridad que la combinación no se relaciona con las esferas de la vida excepto con la emocional. No insinúa el éxito en los negocios, ni en lo económico, ni en otra esfera cualquiera... sólo el amor y la emoción.

(No hay duda que esta combinación expresa, en sus diversas interpretaciones, dos símbolos sexuales: el 1 como línea vertical simboliza el falo o el lingam: el órgano masculino, y el 0 como círculo simboliza la vagina o yoni: el órgano femenino. Su combinación en una ficha de dominó constituye la "unión sexual perfecta").

1/1

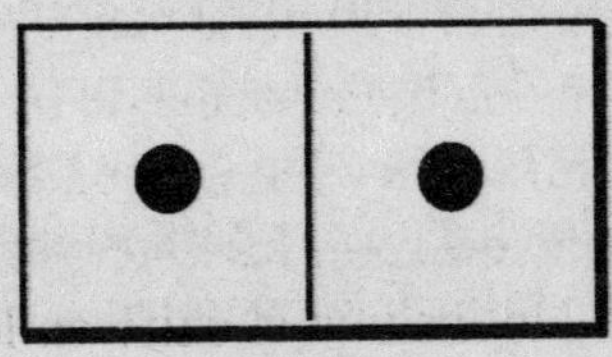

La ficha de dominó con esta combinación es una de las mejores de todas las combinaciones existentes: indica una vida de alegría y felicidad, así como armonía e integración en la familia y la vida del matrimonio.

Esta es una combinación que señala éxito en todo lo que se refiere a establecer una familia y en todo lo que se relacione con este fin. Para que se tenga éxito en establecer una familia sana, feliz, completa y cariñosa, también es necesario el éxito en el nivel económico, y la combinación también lo incluye. Abarca todo lo que está enlazado con una familia exitosa y con la vida del matrimonio. La persona a quien se está prediciendo el futuro puede con seguridad enorgullecerse en sus logros hasta el momento, ya que en la base que ha construido, el futuro que lo espera es en verdad prometedor (así lo indica la ficha). Sus hijos, su esposa y su familia en general le proporcionarán paz mental y mucha satisfacción. Su inversión en sus hijos producirá frutos en el futuro y tendrán mucho éxito. No hay duda que sus logros serán causa de orgullo.

El futuro también contiene buenas noticias para la vida de casado de la persona. Incluso si la vida en pareja no ha sido un lecho de rosas hasta el momento, su relación será completa y buena en el futuro cercano, y constituirá una fórmula segura para una vida matrimonial larga y exitosa.

Como el dominó también predice que todo lo relacionado con el hogar y la familia saldrá bien, la persona puede esperar el éxito en el lugar de trabajo (o en el contexto de otras fuentes de ingreso). Puede desechar sus preocupaciones por su situación financiera futura, ya que será estable y será una excelente base en todos los planes para su familia. No hay duda que podrá dar a sus hijos y cónyuge una vida de comodidad, lo que disminuye la posibilidad de pleitos, disputas sobre el dinero o discusiones innecesarias por las presiones financieras.

Incluso si la situación financiera no parece demasiado brillante en este momento, esta combinación deja en claro que se puede esperar cierto tipo de ganancia en el futuro cercano, e incluso si la fuente es desconocida en el momento, llegará. El peticionario debe ser paciente y optimista sobre el futuro.

0/2

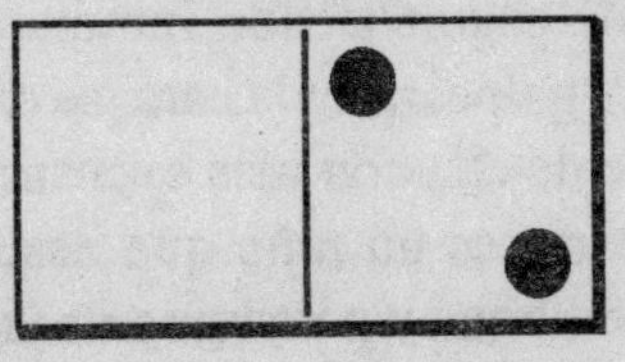

Cuando una mujer* selecciona esta ficha, la combinación no le augura algo bueno. Insinúa una naturaleza traicionera (¡de ella!), falta de moralidad, pensamientos impuros e hipocresía. Lo que es más, la combinación indica que puede esperar un fracaso en el futuro, y la suerte no brillará de su lado. La mujer que voltea una ficha con esta combinación no trata bien a su cónyuge y en el futuro cercano sufrirá las consecuencias de sus actos "malignos". La combinación indica que no ha sido una esposa leal, es decir, es posible que engañara a su marido, o que tuviera pensamientos de hacerlo. No es un asunto de infidelidad en el campo romántico, pueden ser otros tipos de deslealtad, como la violación de la confianza, desviarse del camino que trazaron ella y su marido, perfidia o engaño respecto a cierto problema, o no decir la verdad sobre

*No todos los adivinos distinguen a los diversos peticionarios (clientes). En mi opinión, y es la de la mayoría de los expertos, existen ciertas fichas de dominó cuyo significado cambia dependiendo de si las voltea una mujer, un hombre o un niño. En este libro, he favorecido el enfoque de presentar los significados más específicos de las fichas, ya que por lo general dan en el blanco cuando responden las preguntas o deliberaciones del peticionario.

algo. El corazón de una mujer así no está limpio y esto actuará como un bumerang contra ella de una u otra forma en el futuro cercano.

Esta ficha de dominó indica un fracaso esperado (para una mujer) en el futuro cercano, que estará vinculado a su falta de moralidad. No podrá mantener su conducta hipócrita o falsa y pérfida normal. Una mentira sigue siendo una mentira, y nadie puede seguir siendo inmune para siempre. Al final, la realidad la golpeará en la cara, se revelará la verdad y no podrá liberarse de ella con más excusas.

Si el peticionario es un niño que desea saber su futuro inmediato, esta combinación claramente indica que no tiene un don especial que le permitirá "llegar lejos" en la vida. La combinación niega la posibilidad de fama o gran éxito en el campo social. Por supuesto, esto no significa que el niño carezca de talento por completo, sino más bien que no tiene los talentos que llevan a una persona a áreas fascinantes de la vida o cambian el curso de su vida.

Un hombre que da la vuelta a una ficha de dominó con esta combinación tendrá éxito en los negocios, y puede esperar salir de viaje en el futuro cercano. Puede ser un viaje relacionado con el trabajo, pero también podría ser un viaje de placer y recreación.

1/2

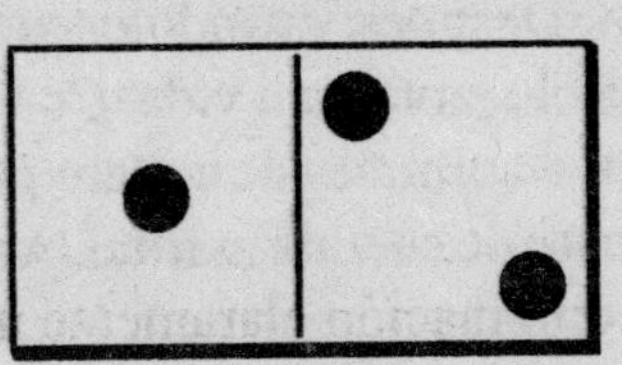

Ésta es una de las fichas del dominó que revela una "combinación exacta" que casi cuenta una historia con "trama" y también predice el curso de la vida del peticionario en el futuro más distante. En otras palabras, esta señal revela "el cuadro completo".

Si una mujer selecciona esta ficha, puede esperar casarse con un hombre rico con bastantes propiedades a edad temprana. Será un matrimonio de elección y amor, y no por necesidad o por coerción de los casamenteros. La mujer será muy feliz en su matrimonio, lo que le producirá gran alegría y dicha en su vida con un esposo afectuoso e comprensivo, además de gran riqueza, lo que le permitirá disfrutar de una vida cómoda y fácil. No tendrá preocupaciones y puede tener una vida sin problemas. Pero en el futuro, después de muchos y largos años de matrimonio, enviudará, y aunque se va a quedar sola, sus hijos la apoyarán en lo emocional y no permitirán que se aísle por el pesar. Su devoción la consolará. Debe saber que a pesar de que le faltará el cónyuge, será una viuda rica, con muchas propiedades, y esto le facilitará el vivir sin su marido.

En oposición a una mujer que selecciona esta ficha, el hombre que la selecciona se casará a edad avanzada. Un hombre que saca esta combinación, seguirá siendo soltero por largo tiempo, pero eso no lo molestará. Sabrá sacar provecho del periodo de ser soltero y disfrutará en todo momento de no estar sometido a un "contrato" que lo ate a una mujer. Puede esperar bastantes años de fiestas y una existencia salvaje como soltero. Después, cuando encuentre la mujer con que se casará, será el amor de su vida. Con gusto abandonará todos sus propósitos normales de soltero por ella, se casará y amará todo momento de su vida marital. Aunque puede esperar casarse tarde, su matrimonio será bueno y feliz, y traerá mucha alegría a su vida. (Si un hombre casado de menos de 50 años saca esta ficha, es razonable suponer que no está casado del todo con su amante, se puede esperar que se case de nuevo o que experimente un cambio revolucionario en su relación con su cónyuge actual).

Si la ficha es seleccionada por una persona que busca consejo en el campo de los negocios, es una advertencia de déficit financiero. Debe darse cuenta que las inversiones que hizo no serán lucrativas. Puede ser un asunto de cierto tipo de jugada atrevida en que está a punto de perder su dinero, y se debe abstener de involucrarse. También puede incurrir en pérdidas financieras como resultado de hacer préstamos que no se reembolsarán, o de un gasto imprevisto que puede vaciar su cuenta bancaria sin que esté preparado por adelantado.

2/2

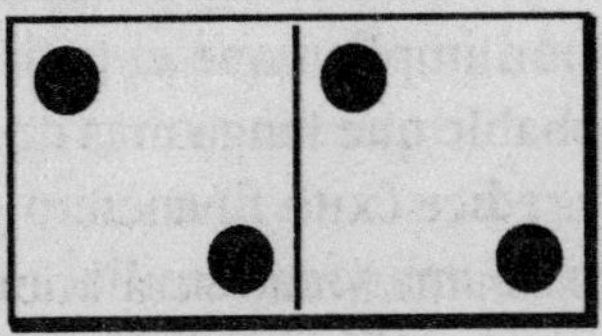

Esta ficha revela una combinación muy exitosa que atestigua la habilidad de la persona para enfrentar la vida en la forma óptima.

Esta combinación predice que la persona tendrá una buena vida desde todos los puntos de vista: amor y familia, ingreso y seguridad financiera. El futuro que espera al peticionario promete que estará establecido con seguridad y que no encontrará muchas dificultades u obstáculos graves en el camino a lograr sus objetivos.

Desde el punto de vista de la vida familiar, si el peticionario es una persona cariñosa que busca una vida familiar estable, y desea una familia grande, tendrá éxito en lograr esta aspiración.

Incluso una persona que no se considera especialmente cariñosa, según la profecía del dominó, será muy devota a su familia, incluso si ésta es muy pequeña (es decir, sólo un cónyuge, sin hijos).

El apoyo que el peticionario recibirá de su familia será enorme y sus parientes serán en extremo importantes para él, estando en su lista de prioridades antes que su trabajo y carrera. La vida amorosa del peticionario, como se mencionó antes, será buena y satisfactoria, y parece que ésta es una de las razones para que se mantenga como persona de familia leal y cariñosa. Las personas a las que la suerte les proporciona esta combinación, es casi seguro que no se encontrarán en una situación de divorcio; en lo que a ellas se refiere, las posibilidades de que esto suceda son muy pequeñas.

Esta combinación implica que el peticionario ame a sus hijos, y es muy probable que tenga más de uno. El hecho que esta combinación predice éxito financiero y una vida cómoda completa el cuadro de una vida familiar ideal.

Esta combinación también implica que la persona en cuestión aspira a un éxito financiero por encima del promedio y que en el futuro será un hombre de negocios próspero, un directivo superior en una gran compañía o que alcanzará una posición elevada en cualquier campo en que trabaje. Esto le permitirá ganar un buen salario y también el apoyo para su familia, y también le dará la satisfacción y la sensación de que se está desempeñando al máximo de sus habilidades.

0/3

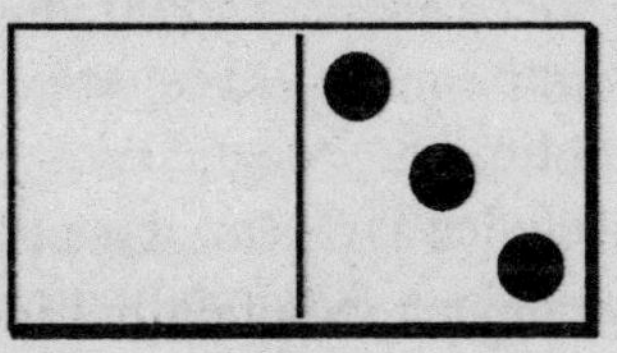

Esta combinación es señal de desacuerdos, disputas y pleitos en una pareja en especial, pero no en forma exclusiva.

Si un hombre selecciona esta ficha de dominó, es señal de que está casado con una mujer dura, sarcástica, de mal temperamento y mezquina, que encuentra razones para discusiones y peleas, incluso cuando no existen razones visibles para ellas. Para un hombre soltero, la ficha indica que su amor, su pareja, no concuerda con el amor que le tiene, y ella está todo el tiempo luchando por probar su relación y sus límites. Ella es manipuladora y astuta, y él debe darse cuenta de esas propiedades antes de que haga oficial su relación. Esta ficha de dominó indica que debe vigilar las acciones de su novia y darse cuenta de su carácter y conducta.

Si una mujer selecciona esta ficha, es indicación de que su pareja es una persona que necesita su libertad. No se le puede restringir y "domar", y ella debe resignarse al hecho de que él siempre hará sólo lo que desee y nunca se someterá a ningún tipo de autoridad. Si desea vivir en paz con él, debe darle espacio; no debe molestarlo ni limitarlo. Se debe acostumbrar al hecho de que vivirá su vida al lado de él, en paralelo, y debe estar preparada para aceptar que las "intersecciones" (es decir, los encuentros armoniosos) entre ellos durante su vida serán pocos y muy separados entre sí. Entre mayor libertad le dé, y menos lo ate, más amor y atención recibirá de él, ya que aprenderá a apreciar su conducta. Si hace lo opuesto, destruirá irremediablemente la relación que ella y su pareja han construido. Debe tratarlo como una "bestia salvaje"* que desesperadamente necesita su espacio. Tendrá que aprender cuáles son sus límites y cuándo los está cruzando. No todas las mujeres pueden vivir con una pareja así, por ello la mujer que selecciona esta ficha, debe estar bien consciente de qué es lo que se requiere de ella en una relación de este tipo, ya que su pareja no es alguien con quien sea fácil vivir.

Sea hombre o mujer la persona que seleccionó la ficha, ambos miembros de la pareja deben tener cuidado en no tener pleitos repentinos cuando están en compañía de otras personas, ya que una discusión o riña de este tipo puede terminar mal. Deben contenerse de pelear en lugares públicos, en el trabajo y en especial en fiestas o celebraciones sociales en que la gente conozca al peticionario o a su pareja. En casos de este tipo, ambos tratarán de superar al otro. Este tipo de enfrentamiento no conduce a nada positivo, sino que más bien termina en una enorme desilusión para ambos lados. En un caso así, la persona hará bien en esforzarse al máximo en no comenzar disputas en lugares públicos y en tratar de evitar aumentar el fuego si su pareja lo inicia.

*Ésta es una expresión de S. S. Waite. Significa "espíritu libre".

1/3

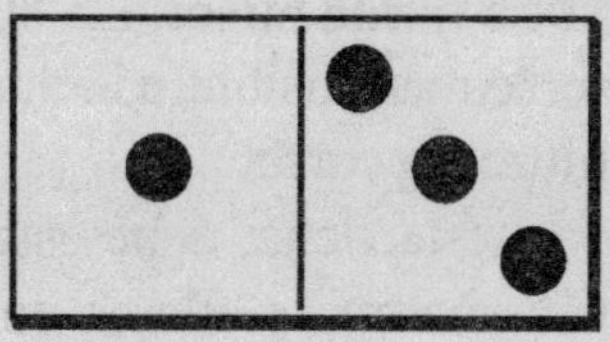

Esta ficha de dominó constituye una señal de advertencia notable para la persona que la selecciona. Predice riñas amargas y extremas que pueden terminar en forma muy desagradable. Si es una disputa que surge entre los miembros de una pareja, conducirá a un grave estallido en su relación. Si la persona que selecciona la ficha del dominó está casada, le advierte contra un embrollo innecesario que puede terminar en medidas legales con horribles consecuencias. La persona debe tener cuidado en evitar un divorcio que causará una grave separación en la familia. Si la persona está casada y tiene hijos, la ficha anuncia que se producirá un daño inevitable a los hijos en caso de una separación dolorosa. La separación puede ser tan grande que incluso sea una "grieta" o "separación" entre los hijos, algunos de los cuales se verán forzados a vivir con su madre y otros con su padre. En cualquier caso, esta advertencia se debe tomar muy en serio, ya que indica terribles riñas que terminarán en heridas amargas y una ruptura irreparable en la familia.

La persona debe ser consciente que la ficha de dominó está indicando específicamente que las disputas y las riñas que se presenten en tribunales no terminarán bien para ninguno de los contendientes. Ambos lados perderán y por esta razón, deben evitar este paso tanto como sea posible, y tratar de rectificar las situaciones difíciles con la ayuda de otras personas. Ir a los tribunales debe ser la última solución a la cual recurrir, sólo si no existe ninguna oportunidad de resolver el conflicto en otra forma mejor. La "batalla" en el tribunal se debe posponer lo más posible, e incluso entonces deberá servir sólo como último recurso.

2/3

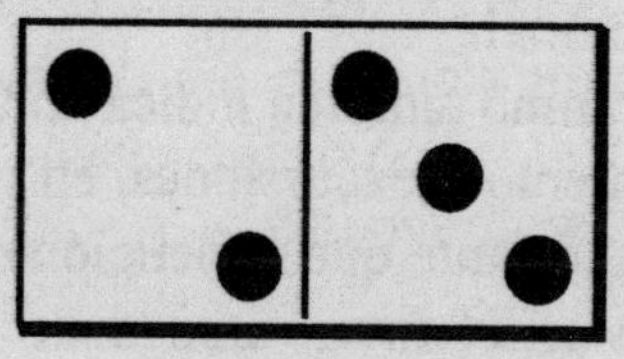

Esta combinación implica un periodo de prosperidad en casi todas las esferas. El peticionario que selecciona esta ficha, será recompensado con una vida amorosa completa y satisfactoria.

Si la persona es soltera, su pareja llena su mundo, la enriquece y le produce gran felicidad; es casi seguro que la pareja hará oficial su relación en el futuro.

Si la persona está casada, también disfruta de un matrimonio satisfactorio y estable; con el paso del tiempo, aumentará la devoción entre la pareja y su relación se hará más profunda con cada año que pase. La unidad familiar es lo más importante para el peticionario y ve en sus hijos el nivel más elevado de creación. La actitud positiva del peticionario al matrimonio, la felicidad y la satisfacción que su familia le proporciona y el hecho de que los vínculos entre los miembros de la familia sean tan íntimos, indican que el futuro de la familia será bueno y exitoso. Incluso si se presentan crisis menores, los cálidos lazos entre los miembros de la familia ayudarán y los apoyarán, y el peticionario puede olvidar todas sus preocupaciones.

Esta combinación también anuncia éxito en el campo económico y de negocios. Las inversiones que realice el peticionario en cualquier campo, producirán utilidades, siempre y cuando haya actuado con inteligencia, y sus movimientos fueran realizados con la mejor intención. En este caso, el éxito también brillará para cualquiera que decida proceder a apostar en un campo determinado, incluso si actuó en forma instintiva y no racional.

La ficha de dominó también indica un buen periodo para viajes, entretenimiento y excursiones, en especial, las familiares. Es muy importante que el peticionario cultive sus lazos con sus hijos en el futuro inmediato para mantener la armonía familiar. Una excursión con toda la familia, o incluso un viaje juntos dentro del ámbito de sus actividades usuales, beneficiará las relaciones personales, y es muy importante prestarle atención en el futuro inmediato.

3/3

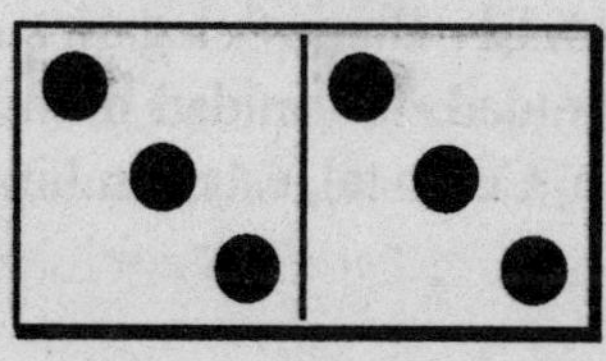

Esta combinación se relaciona sólo con un aspecto de la vida del peticionario: su situación financiera. Anuncia que el éxito financiero que espera al peticionario no es menor ni modesto, al contrario, el éxito llegará... y será un gran éxito. De acuerdo a esta combinación, muchos éxitos económicos esperan al peticionario en el futuro cercano, y puede esperar ganar grandes sumas de dinero. Sus inversiones producirán beneficios y será grande su parte en los tratos que haga, incluso si tiene otros socios que compartan su éxito. Esta ficha de dominó es con seguridad la mejor opción que se puede conseguir.

Es verdad que en la situación económica se indica el éxito. Sin embargo, ya que no existe garantía de éxito alguno en otras áreas de la vida, y la ficha enfatiza sólo el éxito económico, el peticionario debe prepararse para días difíciles en áreas que no sean las económicas y no desperdiciar su capital. El peticionario podría necesitar su capital para resolver otro tipo de problemas, por ejemplo, médicos. El éxito financiero no siempre va de la mano con el éxito en otras esferas de la vida, pero se puede decir con seguridad que ese éxito brillará en el peticionario hasta el grado en que servirá como trampolín seguro y conveniente para la vida en general, y su situación financiera será la base para mejorar otros aspectos de la vida.

(S. S. Waite nos recuerda que 3/3 también se expresa como ∴/∴, un bien conocido símbolo místico pagano. Yo no estoy de acuerdo con esto. El italiano Selegari, sugirió que 3/3 simboliza la doble trinidad: la trinidad divina y la familiar de padre, madre e hijo. Como tal, esta combinación es la "armonía perfecta").

0/4

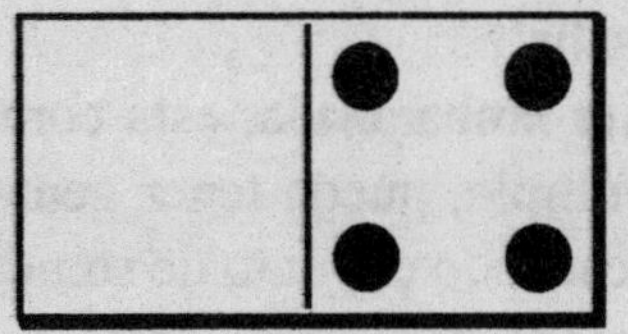

Una ficha de dominó con esta combinación no augura algo bueno en el campo del amor, por desgracia. Advierte de grandes desilusiones y también sugiere el colapso de una relación seria. Una persona que está a punto de casarse (hombre o mujer) debe ser consciente del hecho de que existen grandes posibilidades de que la boda en perspectiva se cancele.

La combinación también anuncia el colapso de una relación entre los miembros de una pareja casada. Después de exponer eso, podría presentarse una grave crisis en la relación de parejas casadas, pero podría aún ser posible superarla. Se puede anticipar el gran rompimiento en una relación no oficial. Una persona que está a punto de casarse y hacer oficial la relación, debería ser extremadamente sensible a cualquier cambio de su pareja en el futuro inmediato. Con el fin de evitar conflictos y desacuerdos, es aconsejable ser flexible durante los siguientes días y moderar su posición, incluso si parece una gran concesión. Esta posición de "ceder" dará dividendos a largo plazo.

Esta ficha de dominó también anuncia que si el peticionario tiene secretos, no es el momento apropiado para revelarlos o exponerlos a la gente, aun si es un asunto de alguien muy íntimo. Durante el periodo próximo, es aconsejable que los secretos permanezcan enterrados en el corazón del peticionario. La revelación y la exposición de los secretos personales pueden causar complicaciones innecesarias. También puede poner al peticionario en situaciones embarazosas de las que no sabrá salir.

Para una mujer embarazada, esta combinación anuncia un nacimiento múltiple; puede tener gemelos e incluso trillizos. Si no ha alcanzado el punto de someterse a un examen de ultrasonido, puede prepararse psicológicamente para la noticia de que tiene más de un niño.

(Esta interpretación fue proporcionada por primera vez por una francesa, Edith Picasa. De mi propia experiencia, puedo atestiguar su validez en gran cantidad de mujeres embarazadas).

1/4

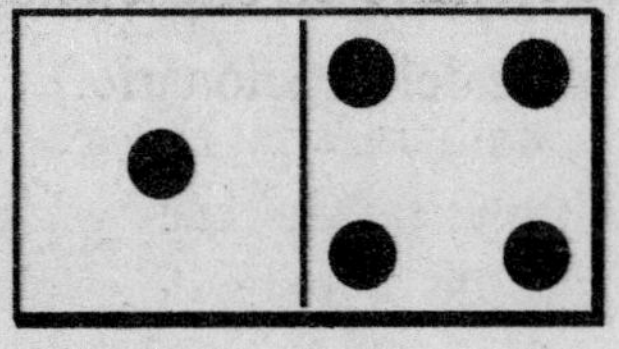

Una ficha de dominó con esta combinación es especialmente apropiada para los solteros, ya que predice la posibilidad de un matrimonio exitoso. Esto significa que el peticionario será bastante afortunado de conocer a una pareja muy apropiada que será el partido más exitoso posible para él. Tendrá la oportunidad de establecer una familia con una persona que, aunque sea el opuesto del peticionario en muchas formas, lo complementará en muchas otras, y por esta razón, la unión tendrá éxito. Es principalmente un asunto de éxito compartido en todo lo relacionado a establecer una familia.

Si el peticionario está casado, esta combinación predice el éxito en el nivel familiar además del nivel económico. El peticionario se las arreglará para proporcionar una base firme a su familia y tendrá excelentes ingresos. Considerará su labor una bendición y puede esperar prosperar en la mayoría de las áreas de la vida. Su mayor éxito procederá de sus hijos; será un padre modelo y su inversión como padre dará dividendos, ya que los resultados llegarán rápidamente. Sus hijos tendrán éxito, tanto en la vida diaria como en sus estudios.

No hay duda que serán hijos buenos y exitosos, y que sabrán cómo compensar a sus padres. Los respetarán mucho. Hasta donde podemos ver, esta combinación también atestigua más que eso, serán hijos trabajadores que no temerán al trabajo duro como requisito para lograr sus objetivos. En último término, llegarán lejos. No será sorprendente en lo absoluto si llegan a ser profesionales impresionantes, como científicos famosos o intelectuales de alto nivel. (Recuerda: esta ficha se relaciona con los hijos del peticionario.)

2/4

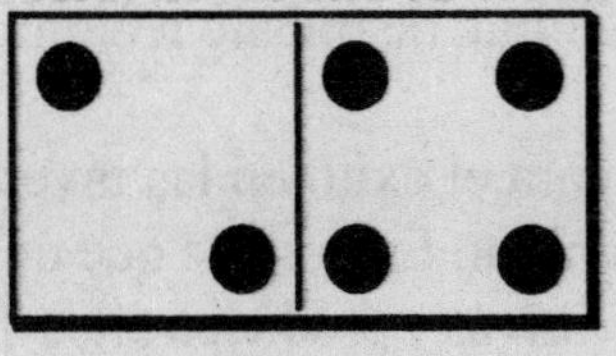

Esta ficha de dominó indica cambios significativos que están a punto de ocurrir en la vida de la persona. No indica cambios en campos específicos, sino más bien se relaciona extensamente con muchas áreas distintas de la vida: lazos familiares, empleo, dinero, vida amorosa, etc. El peticionario debe prepararse psicológicamente para cambios a largo plazo que pueden ocurrir en casi cualquier área de su vida.

Si hay amor en su vida, puede cambiar. Tal vez las inclinaciones de su corazón lo conduzcan en otras direcciones, pero por otro lado, el cambio puede proceder de su pareja. La naturaleza general del cambio no está clara. Puede ser para empeorar o para mejorar.

La ficha no sugiere una dirección particular, sino más bien que sólo se espera un cambio. De manera similar, no podemos saber si el cambio será significativo, si influirá en la vida futura del peticionario o si es un cambio relativamente pequeño que no cambiará por fuerza su destino o determinará su futuro.

La ficha puede indicar un posible cambio en las tendencias de ganancia o pérdida de los negocios. Además, pueden presentarse cambios en el área de trabajo, o en el campo de ocupación del peticionario, incluso si no existen señales de eso en este momento. Es posible que todo le caiga encima en forma abrupta, de un día al siguiente. Por un lado, se puede entregar a la persona una carta de despido en su trabajo, y por otro lado, una persona desempleada que espera una contestación a una solicitud de trabajo recibirá una respuesta positiva.

La tendencia para el éxito en las inversiones financieras también puede cambiar. Es posible que de repente las inversiones que son lucrativas y producen altos dividendos se vuelvan una desilusión, pero también puede suceder lo contrario: inversiones modestas pueden volverse exitosas y producir ganancias mucho mayores a lo esperado.

(En libros que revisé antes de escribir éste, existían muchas interpretaciones diferentes para esta ficha. La mayoría de los autores indican la importancia del cambio, pero aparte de eso, cada uno añade lo que se le antoja. En consecuencia, esta ficha es "flexible" en su interpretación... es indispensable apegarse al principio del cambio, y es permisible añadir todo lo que uno desee).

3/4

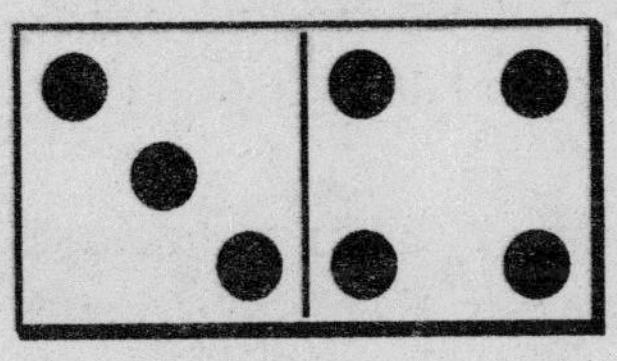

Esta combinación indica principalmente una feliz vida familiar. El peticionario será feliz en su matrimonio, y su vida amorosa será buena y satisfactoria. No será una de esas personas que se cansan de su pareja y viven una aburrida vida familiar "por obligación", sino más bien se ocupará de nutrir la relación, incluso después de muchos años de matrimonio. Trabajará con su amor, tomará en consideración los deseos de su pareja y le mostrará respeto a lo largo de los años. Esto conducirá a una relación de respeto mutuo y aprecio. La vida marital del peticionario será feliz y estará llena de satisfacción e interés. Éste también será el caso con su vida sexual, y todo lo que se relacione con él.

A pesar del amor conyugal y la armonía, esta combinación afirma (en opinión de muchos adivinos, incluyendo a Waite, Selegari y Picata) que es probable que el peticionario sólo tenga un hijo. No criará a muchos hijos, pero su familia, aunque pequeña, será feliz. El hijo esperado del peticionario recibirá mucho amor, y lo cuidarán con amor y devoción, ya que no tendrá que compartir la atención de sus padres con ningún hermano. Así, el centro de interés de la familia estará en él. No necesariamente ésta es la fórmula para la felicidad, pero en este caso, la ficha de dominó afirma que el único hijo del peticionario será feliz y alegre. No querrá nada y a pesar de ser "consentido", lo que es inherente a criar un hijo único, sabrá apreciar bien los esfuerzos de sus padres y les mostrará su bondad.

4/4

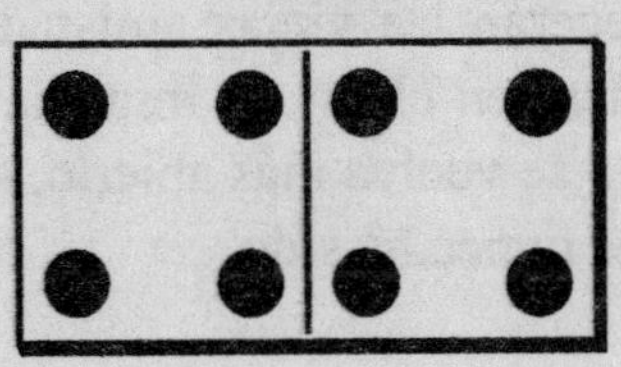

Para un peticionario con alma artística y tendencia a la espiritualidad, esta combinación predice el éxito y un futuro próspero. Las personas dedicadas al arte en forma directa o mediante campos relacionados, o que participan en asuntos intelectuales como la escritura o la filosofía, merecerán un reconocimiento amplio y general de la importancia de su obra. Se les puede alabar en sus campos o tener éxito en volverse ricas gracias a su talento artístico. En cualquier caso, la ficha de dominó predice sólo "eventos" positivos para esas personas.

En contraste, esta combinación no augura nada bueno para personas mundanales que no tienen relación con el arte, y que prefieren los aspectos realistas y prácticos de la vida. Pueden esperar desilusiones o falta de éxito en diversas áreas de la vida en el futuro inmediato. Se enredarán en conflictos con las personas que las rodean y pelearán con personas cercanas o con colegas en el trabajo. Por otro lado, es posible que la desilusión proceda de algo relacionado con su familia. Lo que es más, un movimiento en falso podría causarles problemas que les costará manejar. Deben saber que esto sólo será temporal y que este periodo pasará.

Esta combinación indica éxito social para todos: adultos y jóvenes por igual. El peticionario pronto estará rodeado por amigos que lo invitarán a funciones y descubrirá que es mucho más popular de lo que pensaba. A este nivel, se sorprenderá agradablemente. Hará nuevas amistades que no conocía antes y se fortalecerán las viejas amistades. Su círculo de amigos se extenderá en el futuro inmediato, y esto causará que el peticionario se vuelva más abierto, sociable y afín hacia otros de lo que nunca ha sido.

0/5

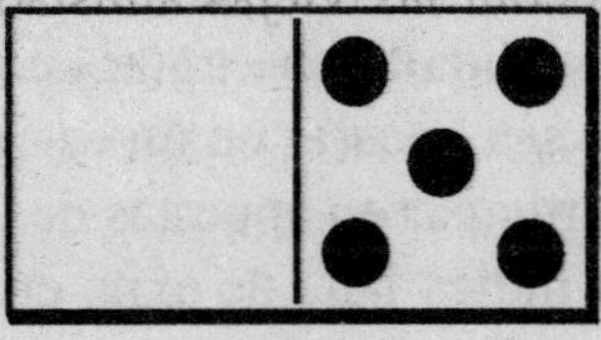

¡Esta ficha es principalmente una señal de advertencia para las mujeres!

Si una mujer soltera selecciona la ficha, debe considerar esta combinación como señal de advertencia respecto al hombre que está con ella, o de un hombre con que se está asociando. Las intenciones de él pueden no ser puras o puede tener un secreto que le está ocultando a ella. Debe ser doblemente cauta con él y antes de que se le entregue por completo, es aconsejable que esté segura de él y de sus intenciones. La ficha de dominó advierte de un error, así que el peticionario debe estar alerta a cualquier sorpresa que surja en su relación con su pareja.

Si una mujer casada selecciona la ficha, la combinación le advierte contra ser extravagante. Se debe apegar mucho a su presupuesto y gastar con prudencia, ya sea una mujer independiente que trabaja o una ama de casa que depende del apoyo financiero del marido. Una mujer casada que selecciona esta ficha, debe ser consciente del hecho de que es muy importante su parte en apegarse al presupuesto familiar y su distribución. En consecuencia, en el futuro cercano deberá esforzarse al máximo para ser cauta y sensata en sus acciones. Los miembros de la casa dependen de su razonamiento, y debe actuar junto a su marido y en coordinación con él en todo lo referente a los gastos del hogar, y consultarlo en cualquier desviación del presupuesto.

Si un hombre selecciona la ficha de dominó, esta combinación también es una señal de advertencia para él (sin embargo, en menor medida): debe tratar de evitar las apuestas de cualquier tipo, sea apostar en un casino, comprar boletos de lotería o participar en apuestas de grupo en el futbol. Esta combinación indica falta de éxito en las apuestas en el futuro cercano, además de errores que pueden conducir a enormes pérdidas económicas, causando que sufran el peticionario y su familia.

Esta ficha también advierte a los hombres de la adicción al alcohol. Los hombres que suelen ingerir bebidas alcohólicas comúnmente no deben exagerar, de otra manera, esté hábito corre el riesgo de convertirse en una adicción grave. Deben estar muy conscientes de las cantidades de alcohol que consumen y saber cuándo pierden la pista a los límites entre la bebida social y la adicción que es tan dañina.

Un hombre (o mujer) de negocios que selecciona esta ficha debe darse cuenta que el futuro inmediato revelará dificultades a las que tendrá que hacer frente, y esto no será fácil de ninguna manera. Sin embargo, debe comprender que esta situación es temporal, y si sabe dirigir su negocio con prudencia, y no tiene pánico durante el periodo de tensión, pronto se recuperará y volverá a estar en marcha.

1/5

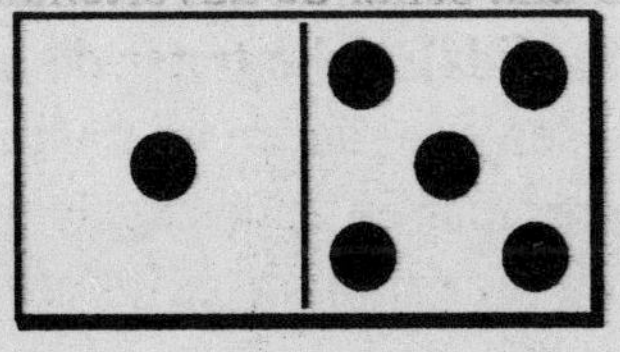

Esta ficha de dominó augura algo bueno en todo lo que se relacione con la vida social del peticionario (sea hombre o mujer). El futuro inmediato estará lleno de situaciones sociales felices, y se invitará al peticionario a bodas, bautismos, fiestas y otros acontecimientos jubilosos, como fiestas de cumpleaños y de Año Nuevo (en otras palabras, lo invitarán a eventos grandes y festivos. Todo adivino proporciona una lista de eventos que caracterizan la sociedad particular en que habita). Durante las ocasiones mencionadas, el peticionario tendrá maravillosas oportunidades para hacer nuevos amigos y ampliar su círculo de amigos y conocidos. Aunque puede haber numerosos invitados en las funciones y acontecimientos sociales, el peticionario debe estar preparado para un desembolso financiero considerable, ya que aparte de los regalos que se espera lleve, necesitará ampliar su guardarropa y comprar diversos artículos de moda; después de todo, puede encontrarse con la misma gente en diferentes actos solemnes.

Si una persona casada selecciona la ficha de dominó, indica una razón adicional de regocijo, una adición a la familia.

Ésta podría llegar como una sorpresa o ser planeada con el cónyuge. Sea como sea, por el recién nacido que se unirá a la familia en el futuro cercano, se necesitará una revisión de todo lo que tenga que ver con las finanzas, además de preparaciones físicas en el hogar y, por supuesto, preparación psicológica para la adición significativa de un nuevo hijo en la familia. (Date cuenta que "recién nacido" puede ser el nieto o sobrino del peticionario, no necesariamente su descendiente directo).

2/5

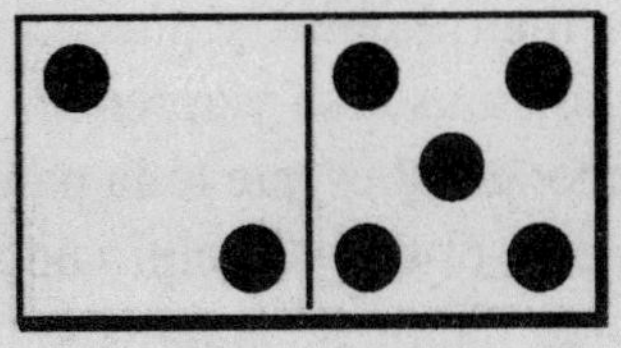

La combinación de esta ficha de dominó indica dificultades en la relación de la pareja. Si la persona que selecciona la ficha es un hombre soltero que tiene una relación seria, y él y su pareja se aman entre sí y planean casarse (o por otro lado, si la persona que selecciona la ficha es una mujer que planea casarse con su novio), deben prepararse para tener problemas que surgirán en el futuro inmediato y que podrían obligarlos a posponer la boda.

Las razones pueden ser variadas, desde problemas que ocurran en sus relaciones personales a problemas que no están vinculados en forma directa, como problemas financieros que les impiden tener la boda que originalmente habían planeado.

Los problemas que conducen a que se posponga la boda también pueden surgir de la familia de uno de los miembros de la pareja. Los padres de la novia o del novio podrían ponerle un candado. Pueden oponerse por completo o a la fecha propuesta y por esa razón la pareja tendrá que posponerla.

Sin embargo, la razón para posponer la boda también podría ser positiva, como esperar a que arribe un pariente del extranjero, sacar dinero de cuentas de ahorro, ganar unas vacaciones en el extranjero por una competencia, etc.

Si la persona que selecciona la ficha se acaba de casar, la combinación anuncia dificultades de comunicación con su pareja en el futuro cercano. La inhabilidad para comunicarse en forma apropiada puede causar a la pareja una gran desilusión con el estado matrimonial, y pueden necesitar un largo lapso de tiempo para ajustarse y aprender a vivir juntos "en paz". Además, deberán saber que toda pareja encuentra dificultades de uno u otro tipo al principio de su matrimonio, en especial si no vivían juntos de antemano. Estas dificultades se resolverán, pero se debe ser paciente, exhibir paciencia y mayor flexibilidad entre ellos de manera que no se causen profundas grietas que después sea difícil superar.

Los recién casados deben construir sobre el profundo amor que se tienen, el amor que los condujo a realizar el compromiso máximo del matrimonio. Sólo si aprenden a transigir y continúan recordando el porqué decidieron pasar la vida juntos, podrán superar las crisis y emerger fortalecidos de ellas hacia una relación más profunda en el futuro.

Por favor, date cuenta que a pesar de que intenté no pintar la combinación de esta ficha con colores lóbregos, es importante comprender que la ficha de dominó predice dificultades de comunicación que pueden causar muchos problemas a la pareja de recién casados.

Si un hombre selecciona la ficha, la combinación indica que es el momento apropiado para que haga cambios en la esfera económica. Ya sea que involucre su negocio o las finanzas y el bienestar de su familia, debe tomar la iniciativa en el futuro cercano, ya que dará dividendos y será bueno. Es un buen consejo aprovechar las opciones que pronto se abrirán ante él, en especial con asuntos económicos, ya que si no lo hace, lo lamentará... pero será demasiado tarde.

(La mayoría de los libros de interpretación del dominó fueron escritos en una época en que el hombre era el proveedor principal de la familia, así que las interpretaciones "económicas" o "de negocios" se dirigen principalmente a los hombres. Es obvio que puedes relacionarlo [como yo hago con mis clientes privados] con una "mujer de negocios").

3/5

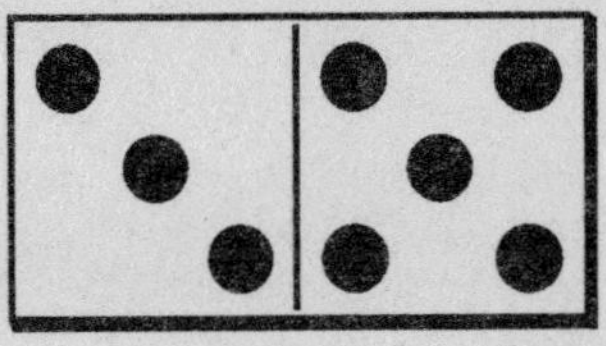

Esta ficha de dominó tiene una combinación positiva. Anuncia que la persona será feliz y puede esperar una vida buena y satisfactoria. La persona que selecciona esta ficha, no querrá nada material y su situación financiera será satisfactoria o incluso será mejor. También tendrá éxito al llevar a cabo sus ambiciones, sea en el trabajo o en su profesión o en su familia y su vida marital. Hará reales sus aspiraciones, y a una edad avanzada, podrá ver con satisfacción hacia atrás sus logros en la vida.

Si la persona que selecciona la ficha no ha tenido una gran vida ni disfrutado algún éxito hasta el momento (sea desde el punto de vista de las finanzas, el matrimonio, la familia o las aspiraciones), esta combinación anuncia que en el futuro inmediato, todo comenzará a salir bien en su vida. Incluso si su vida no está completa o no es feliz, y está frustrado todo el tiempo, desde ahora empezará a ver la "luz al final del túnel", y el camino que lo conduce a ella será el correcto y apropiado. Al fin también prosperará y subirá un escalón en toda área de su vida.

Si la persona que selecciona la ficha está feliz con su vida, está satisfecha, siente que está haciendo lo más que puede y no le falta nada, esta ficha promete que todo continuará avanzando con facilidad, como lo ha hecho hasta el momento. Nada disminuirá su condición, logros o capacidad financiera en el futuro. La situación continuará como está, y si hay algún cambio en su vida, sólo será para mejorar.

4/5

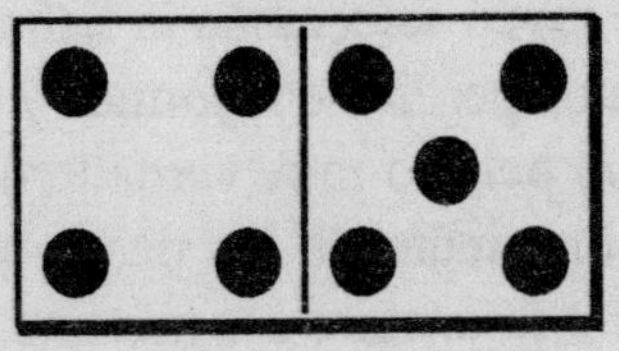

Si una mujer joven y soltera escoge esta ficha, la combinación anuncia que sólo debe casarse con alguien a quien en verdad ame. Si es una mujer soltera de más de veinticinco o de treinta y tantos, y sus padres la están presionando para que se case, debe aprender a resistirse a esta presión. Lo principal no es casarse con alguien de quien no esté segura que sea el que le corresponde. Es seguro que un matrimonio así terminará en divorcio. Sólo mantenerse firme ante esta presión asegurará que al final encuentre a la persona que es correcta para ella, aquel con quien querrá casarse.

Si la persona que selecciona esta ficha es una mujer que tiene una relación seria con alguien, y está a punto de casarse a pesar de que no está totalmente segura de su decisión, debe aplazar el matrimonio y pensar largo y tendido si ama lo suficiente a su pareja para casarse con ella. Debe ser honesta consigo misma, y si la respuesta es negativa, debe terminar la relación de inmediato y no dejarse arrastrar a un mal matrimonio que terminará en divorcio. En este caso, es ante todo una cuestión de amor. Si la mujer que selecciona la ficha está segura de su amor por su pareja, debe considerar las otras dificultades en su relación sólo como temporales. Sin embargo, si en lo profundo no está cien por ciento segura de que su corazón está determinado en su pareja o que en verdad lo ama (sino que en realidad esté más interesada en su dinero o en la vida apropiada y cómoda que le está ofreciendo), no debe sucumbir. Debe seguir sólo los dictados de su corazón.

Si un hombre joven selecciona la ficha, anuncia que está a punto de sufrir una pérdida económica y el futuro inmediato amenaza con un peligro muy verdadero de pérdida de dinero. Debe ser consciente de los pasos que está dando de manera que el daño financiero sea mínimo. Después de decir eso, también debe saber que no puede prevenirlo, ya que la pérdida se ha determinado y decidido de antemano. Lo único que puede hacer, como dijimos, es minimizar el peligro al planear las medidas que tome con buen sentido.

Si una pareja casada* selecciona la ficha, demuestra que es el momento para mudarse de casa. Si tienen dudas al respecto, o se preocupan por su habilidad para hacer frente a la carga financiera de cambiarse, pueden estar seguros que todo funcionará al final, y que pueden permitirse hacerlo, con la conciencia tranquila y sin preocupaciones. Es el mejor momento para hacerlo y es una vergüenza perder la oportunidad sólo por los miedos y dudas que cambiarse a un nuevo lugar acarrea. Tendrán éxito en esta empresa, pero deben dar el paso en el futuro próximo.

*Waite y Selegari afirman que en el caso de una pareja que hace una pregunta, la mujer es quien selecciona la ficha. En el caso de una pregunta planteada por un grupo de personas del mismo sexo, por ejemplo un equipo de futbol americano que desea conocer el resultado del próximo partido, la persona de más edad selecciona la ficha. En el caso de un grupo mixto, la mujer de más edad la selecciona.

5/5

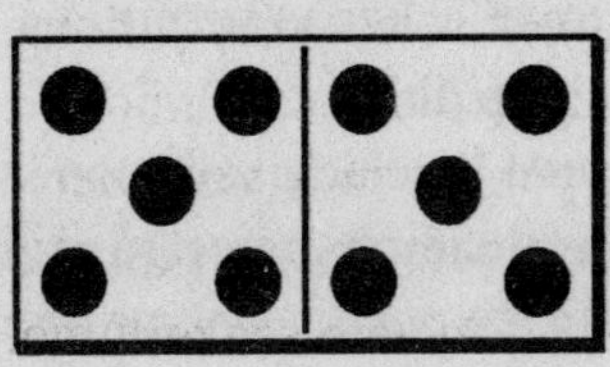

Esta combinación sugiere éxito en todos los campos. Para la persona que la selecciona, el futuro será positivo y el avance en todas las esferas de la vida producirá los frutos del éxito. En el campo social, la ficha de dominó anuncia que se ampliará la esfera social del peticionario y conocerá a gente nueva. Esto es bueno ya que la gente nueva en la vida del peticionario hará que se desarrolle en otras direcciones positivas. En cuanto a socios, el matrimonio y la vida familiar, la ficha anuncia sólo armonía y avances positivos: mujeres y hombres solteros encontrarán parejas apropiadas en el futuro cercano, y tomarán parte en relaciones perdurables, las personas que tienen un vínculo romántico se casarán con sus novias en el futuro cercano, la gente que está casada tendrá una vida familiar buena y satisfactoria y su relación conyugal mejorará.

En todo lo relacionado con asuntos del corazón, están en perspectiva nuevos amores para personas que no se han visto arrastradas por esta pasión en mucho tiempo, y la persona que apenas empieza a enamorarse sentirá que el amor lo está arrastrando y dejando mareado. Las parejas de amigos que han tenido relaciones a largo plazo también sentirán de repente que arde esta emoción con más fuerza en el futuro cercano y se sentirán unidas como si fueran uno solo... lo que puede conducirlos a hacer oficial su relación. Además, el amor florecerá de nuevo en la relación de parejas casadas. Las declaraciones románticas que se presentan como ramilletes de flores, regalos de joyería, cenas sorpresa a la luz de las velas, etc., causarán mucho placer.

Asimismo, en todo lo relacionado con la carrera y los avances en el trabajo, la situación mejorará pronto y si ya es satisfactoria y razonable, se puede esperar un ascenso o avances en otros campos a los que el peticionario aspira alcanzar.

Esta ficha tiene éxito en especial en el campo financiero. Aquí, sin duda, habrá un avance significativo, incluso si existe un progreso mínimo en otros campos. Se puede anticipar una sorpresa agradable... también para personas que no tienen idea de las finanzas. Es posible que una buena inversión produzca grandes beneficios, o que algún tipo de juego por dinero saque el "premio gordo". También la inversión en el trabajo (como dedicarle mucho tiempo extra o concentrarse en un proyecto grande y especial), tendrá éxito y causará que el salario de la persona se eleve a las nubes. La persona que selecciona esta ficha puede tener la seguridad que en esta esfera, el éxito es algo seguro.

Tomando todo en cuenta, ¡esta ficha tiene la máxima calificación!

0/6

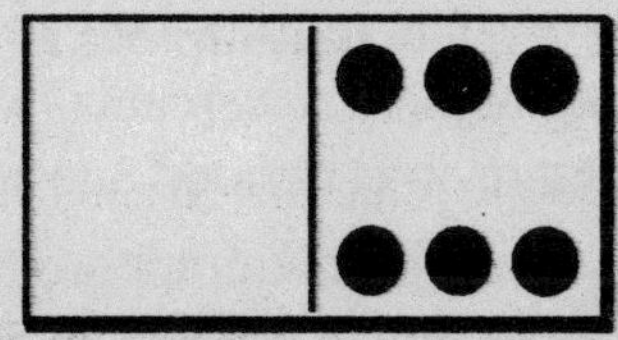

Esta combinación augura algo malo, por desgracia. Anuncia dos aspectos cardinales que sucederán a la persona que elige esta ficha de dominó: la primera es una pérdida financiera difícil y dolorosa de la que será trabajoso recuperarse, y la segunda es la muerte repentina de un miembro de la familia o de alguien cercano al peticionario.*

La pérdida financiera es inevitable. La persona debe estar preparada para esa pérdida y hacer todo lo que esté en su poder para asegurar que tenga el mínimo para mantener a su familia en marcha, de manera que no lo dañe la pérdida. Como dijimos, esta pérdida será muy dolorosa y causará que la persona pase por un periodo financiero muy difícil. Luchará para proveer los fondos para que viva su familia en el futuro inmediato y necesitará préstamos u otras fuentes de financiamiento para salir de estos tiempos difíciles. Es acon-

*En este caso, la mayoría de los adivinos suelen ignorar la parte de "muerte" e interpreta la ficha como un "desastre". Ningún adivino desea predecir una muerte próxima y menciona esta interpretación con recelo. El hecho doloroso es que la mayoría de los interpretes tradicionales de las fichas de dominó ve la "muerte" en ésta, por desgracia.

sejable prepararse por anticipado, de manera que la "caída" no sea tan dura. Esta pérdida financiera puede dañar otros aspectos de la vida del peticionario, como su relación con su cónyuge y conducir al deterioro de su estado de salud y a sentimientos psicológicos negativos. Entre más apoyo y refuerzo le proporcione la gente cercana, más fácil será que supere el periodo difícil. No es buena idea enredarse en disputas familiares y riñas inútiles con personas que están cerca, ya que es precisamente su cercanía lo que tal vez resulte ser lo más importante en el periodo que aguarda al peticionario.

Como mencionamos antes, la ficha anuncia la muerte de alguien cercano al peticionario, o a un miembro de su familia.* Puede ser el resultado de algún tipo de accidente (de carretera o de trabajo) o de otros factores, como una enfermedad grave o por edad avanzada. En cualquier caso, la persona que selecciona la ficha va a tener un periodo difícil, ya que la muerte será de alguien íntimo y querido para ella, a quien conoce bien y a quien va a extrañar mucho. Buenos amigos y miembros de la familia la apoyarán durante estos momentos difíciles, y no tendrá que hacer frente al duelo solo. A pesar de esto, debe saber que la muerte la afectará y también dejará su marca en otras áreas de su vida. Sólo el tiempo puede curar verdaderamente las heridas de este difícil periodo.

(Algunas personas afirman que la horrible predicción de esta ficha de dominó surge del hecho de que abarca los dos extremos [0 y 6] y que por esa razón simboliza el fin del ciclo de la vida).

*¡No la persona misma!

1/6

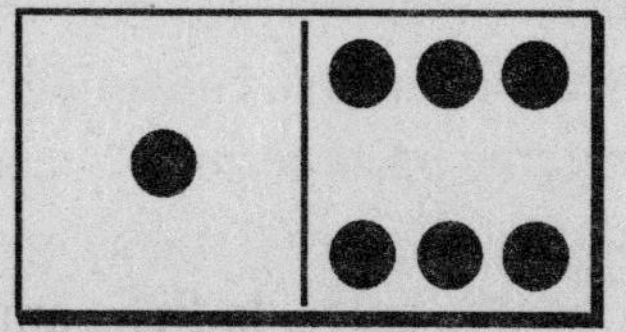

Esta ficha de dominó es portadora de noticias para personas solteras y casadas por igual. Para hombres y mujeres solteros que la seleccionan, la combinación predice que se van a casar en el futuro cercano, y que no será la última boda en su vida. Tal vez pueden esperar un futuro que contiene un "segundo capítulo". La ficha anuncia dos periodos de matrimonio, pero no indica las razones de que el peticionario se vaya a casar de nuevo.

Algunas personas interpretan la ficha de otra manera, Según ellas, no indica necesariamente un segundo matrimonio con una persona diferente. En otras palabras, la ficha anuncia un segundo matrimonio que también puede ser la boda de plata en una pareja que se mantiene unida y feliz, y comparte una satisfactoria vida marital. También eso se puede considerar como un "segundo matrimonio". Tampoco significa que el peticionario se va a divorciar o que va a enviudar, incluso aunque esas circunstancia se deben tomar en cuenta.

Si la persona que selecciona la ficha está casada, es señal de buena suerte. Predice cambios positivos en su vida en el futuro cercano, y avances que estarán unidos a gran alegría y felicidad. En general, presagia una adición a la familia o anuncia que la situación financiera del peticionario mejorará hasta ser irreconocible. La ficha también anuncia buena salud, tanto para el peticionario como para quienes lo rodean. Afirma que el peticionario tendrá una vida apropiada y satisfactoria, en especial en todo lo que se refiere a su familia y su relación conyugal.

2/6

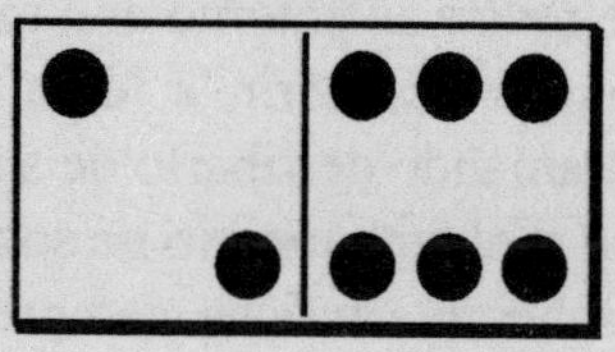

Esta combinación es especialmente apropiada para personas que tienen negocios: diversos tipos de empresarios, comerciantes, vendedores de menudeo, etc. Anuncia gran éxito en los negocios, prosperidad y aumento de las ganancias... ¡junto con un peligro que se puede esperar de una fuente desconocida! El peticionario logrará tener medios de vida muy apropiados en su negocio, tanto que podrá ahorrar suficiente dinero para asegurar el futuro financiero de sus hijos, e incluso de sus nietos. El negocio está en auge y es seguro que el peticionario tiene razones para estar orgulloso. Sin embargo, junto a la prosperidad, debe saber que la ficha anuncia peligro y le advierte de la traición de un socio. Si el peticionario no tiene cuidado, una de las personas con que hace negocios puede hacer que pierda su propiedad y que el negocio se hunda. (Es probable que estemos hablando de un estafador y no sería la primera vez que actuara de una manera tan censurable. Con un poco de recursos y atención, el peticionario puede identificarla con facilidad.) Es posible que en el fondo, ya sepa a quién se refiere la predicción, y ya ha experimentado un mal presentimiento al hacer negocios con él en el pasado. En consecuencia, es el momento para poner a prueba y verificar que la persona de quien sospecha es el timador que trama destruirlo.

La ficha indica que es posible evitar los daños esperados, así que sirve como señal de advertencia. Pone una "señal de alto" frente al peticionario antes de que continúe haciendo negocios, y le dice que revise su entorno con mucho, mucho cuidado, para que pueda descubrir la identidad del elemento extraño que está tramando derribarlo de su elevado pedestal financiero. Incluso si el peticionario no sospecha de nadie en el presente, debe saber que la ficha siempre está en lo correcto. Es seguro que un timador o un estafador esté cerca y el peticionario debe investigar, averiguar y determinar su identidad, ya que el malhechor lo está acechando. Debe supervisar sus asuntos con mucho cuidado y su atención tiene que estar sintonizada con lo que ocurre a su alrededor.

Si la persona que selecciona la ficha está casada, la combinación también anuncia que tendrá éxito en el campo familiar en el futuro. Tendrá el sentido común de construir un nido cálido con una pareja afectuosa, y sus hijos tendrán éxito y educación. Si el peticionario es hombre, será un marido cariñoso cuya esposa corresponderá a su amor, y si es mujer, será una esposa amorosa cuyo marido corresponderá a su amor. El peticionario casado tendrá una vida plena y satisfactoria y no tendrá problemas económicos, ya que puede obtener sus ingresos con facilidad. En el área del sexo y el matrimonio, el peticionario puede esperar que todo sea bueno y agradable, ya que su "secreto mágico" es una relación abierta y comunicativa con su cónyuge.

3/6

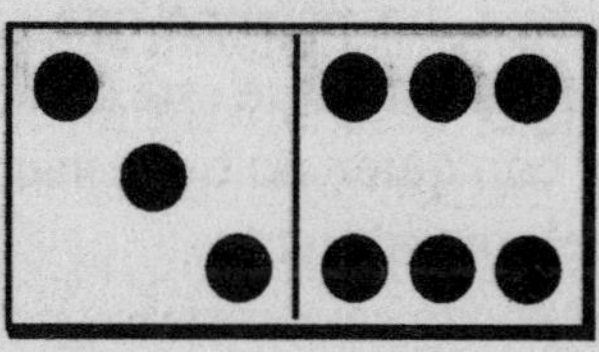

Esta ficha de dominó no es portadora de buenas noticias en nada relacionado con el amor. Predice falta de suerte en las relaciones, sean entre enamorados, parejas casadas o personas solteras que viven juntas.

Si la persona que selecciona esta ficha está comprometida en una relación con una pareja, sin los enlaces del matrimonio, la combinación indica que esta pareja no es apropiada para ella, incluso si se aman mucho y parece el inicio de una relación prometedora. Es posible que los miembros de la pareja no estén en la misma longitud de onda, que existan diferencias imposibles de superar en la mentalidad de ambos o que tengan temperamentos muy distintos; no son compatibles. Existe el riesgo a largo plazo de que esta relación se deteriore causando conflictos, riñas y malas interpretaciones sobre los asuntos más básicos. La persona debe retirarse mientras puede, antes de que se comprometa en matrimonio, ya que será infructuoso.

Si una persona casada selecciona la ficha con esta combinación, anuncia que su matrimonio chocará en cierto punto y que incluso puede terminar en divorcio. La razón para esto podría ser la incompatibilidad básica entre los miembros de la pareja. También podría ser el hecho que su compatibilidad al principio de su matrimonio parecía promisorio y la pareja compartía una vida adecuada y agradable; sin embargo, con el paso de los años cada uno se ha desarrollado en diferentes direcciones y se han involucrado en ocupaciones que los distanciaron de su pareja. La persona que seleccionó la ficha puede sentir, en cierto punto, que está casada con alguien que ya no la satisface y con quien no tiene nada en común, y ésta será la razón para el rompimiento.

Otra razón que puede causar serios problemas en el matrimonio es la infidelidad por parte de uno de los cónyuges. Incluso si el matrimonio es razonable, pero por alguna razón la vida le hizo una mala jugada a la pareja, y ésta no hizo esfuerzo alguno por revivir su relación, sino que la dejó morir... no es sorprendente que uno finalmente engañe al otro. En ese caso, existen dos opciones: Primero, la infidelidad conducirá al divorcio; en segundo lugar, es seguro que por la infidelidad, la relación se dañe por un tiempo, y la pareja pasará por una etapa difícil. Sin embargo, si la infidelidad no engendra una relación paralela muy profunda, existe la posibilidad de que emerja y se reconstruya una relación renovada en la pareja. En este último caso, su relación puede volverse más fuerte, y las lecciones que aprendieron del incidente de infidelidad causarán que brote una nueva relación, basada en una confianza mutua más fuerte que en el pasado, y al final conducirá a un significativo cambio positivo.

4/6

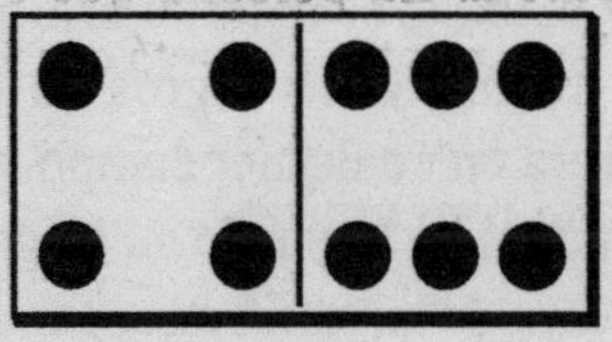

Es muy probable que la persona que selecciona esta ficha sea una persona muy orientada a la familia que busca un cálido nido y una relación a largo plazo. La ficha de dominó predice un matrimonio, a relativamente corta edad, que tendrá éxito. La persona que selecciona la ficha podría encontrar el "amor de su vida" a muy corta edad y saber que desea establecerse con esa persona en particular. Sin embargo, podría ser una persona que desea hacer oficial su primera relación seria, ya que se conoce a sí mismo, sabe lo que significa y sabe qué es lo que le conviene.

La persona que selecciona esta ficha puede esperar una buena vida marital, llena de emoción y satisfacción. La ficha también predice que tendrá muchos hijos. Además, no necesita preocuparse por dificultades para ganar ingresos... no es el caso. Tendrá un buen ingreso, e incluso si no es rica, ganará bien; ni ella ni su familia necesitarán nada. Tomando todo en cuenta, esta combinación presagia una buena vida marital y una feliz vida familiar, desde el punto de vista del contenido y del "colchón" financiero, ya que no carecerá de nada, y siempre podrá satisfacer a su familia y dar a sus hijos todo lo que quieran. Nunca tendrá que decir "no puedo permitírmelo" a ninguno de sus hijos. Siempre se proporcionará él mismo y a su familia todo y en abundancia. Tampoco se tendrá que preocupar por la situación financiera de sus numerosos hijos cuando crezcan. Podrá ayudarlos generosamente con lo que deseen: educación superior, comprarles una casa, etc. A una edad más avanzada, el peticionario puede sentirse satisfecho consigo mismo y sus logros en la vida. Incluso si establece una carrera en cualquier campo, y tiene mucho éxito, ésta nunca ocupará el lugar de su hogar, su esposa y sus hijos. Como padre modelo, sabrá navegar de la mejor manera posible, y sus hijos se lo agradecerán cuando crezcan.

5/6

Esta ficha de dominó anuncia que el peticionario puede esperar dificultades financieras. Debe tener cuidado con todo lo relacionado con el dinero que gasta, y ser más prudente desde el punto de vista de los gastos en el futuro inmediato. La ficha también predice dificultades en los negocios. Las oportunidades que parecen prometedoras pueden terminar en una gran desilusión, quedando la persona desencantada y en bancarrota. Debe tener cuidado de cualquier tipo de inversión que planee llevar a cabo en el futuro cercano, ya que la "caída" puede ser ocasionada por un factor inesperado, como un socio de negocios que resulta ser indigno de confianza, o alguna otra persona que está conspirando e ideando maquinaciones malignas contra el peticionario.

En contraste, la ficha indica avances positivos en todo lo relacionado con la salud del peticionario. Si la persona sufre cualquier tipo de problema de salud, puede tener la seguridad que encontrará una cura para la enfermedad o una solución al problema. Debe ser paciente, ya que tomará tiempo. Sin embargo, a la larga, con el tratamiento correcto y con mucha paciencia, tendrá una recuperación total. Funcionará a la perfección y podrá olvidar sus preocupaciones respecto a su estado de salud.

En el campo del amor, no le esperan buenas noticias. El peticionario puede esperar desilusiones y no podrá disfrutar el amor que ha estado esperando en el futuro inmediato. Si una mujer selecciona la ficha, le dice todo sobre el campo del amor, anunciando que en este momento se encuentra con un hombre que no le conviene y que existe otro hombre en el horizonte que merece más su amor. Debe acabar con su relación actual, abrir los ojos y mirar a su alrededor, ya que el amor verdadero, y el hombre que más le conviene, está a la vuelta de la esquina. Debe ser consciente de esto, y luego podrá encontrar al hombre correcto esperándola cerca.

6/6

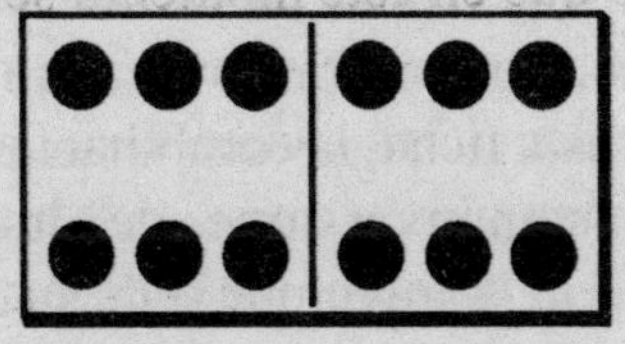

Una joven que selecciona esta ficha puede sentirse tranquila: la ficha predice una vida de felicidad, riqueza y respeto por ella. La joven se encuentra en una encrucijada, y lo más probable es que no sepa qué dirección profesional adoptar. Debe saber que en un último análisis la ficha de dominó predice que sin importar cuál dirección profesional escoja, hará realidad sus ambiciones y pondrá las bases para un futuro profesional deslumbrante. Tampoco tiene nada de qué preocuparse en sus relaciones personales, ya que a pesar de que se van a presentar desilusiones ocasionales, al final conocerá al "caballero de sus sueños", sin hacer mucho esfuerzo. Establecerá una casa modelo con él, su relación será apropiada y su vida marital la hará feliz en todo lo que se relacione con los hijos y también con las finanzas.

Como dijimos antes, tendrá una vida de riquezas. Se vuelva rica por su profesión o por la de su marido, debe saber que no carecerá de nada en la vida. Puede disfrutar una vida de plenitud, que la ayudará en gran medida a criar a sus hijos. Éstos serán ricos y mimados, así que tendrá que encargarse de inculcarle valores que sean acordes a la prosperidad económica de la familia. Como mujer y como madre, se ganará el respeto de quienes la rodean, ya que constituirá un tipo de "modelo" y ejemplo para otros, en especial para mujeres, que desearán imitar su éxito: lograr lo más posible de su potencial profesional y desarrollar su carrera, y al mismo tiempo ser madre devota con un alto poder para obtener ingresos que les permita vivir una vida llena de satisfacción.

Si alguien más (un hombre o una mujer que no es tan joven) selecciona esta ficha, la combinación predice éxito en los juegos de azar o en inversiones de alto riesgo. Una persona así, que invierte la mayor parte de su dinero en un trato sin tener la más mínima idea de cómo resultará, puede tranquilizarse: el trato será exitoso y apropiado. Producirá las anheladas ganancias y le proporcionarán un fuerte respaldo financiero. La sólida base económica que cree este trato le permitirá hacer tratos adicionales, de manera que el factor de riesgo no sea tan grande en el futuro.

Presentación de las fichas del DOMINÓ

Esta parte del libro explica el uso de las fichas de dominó en presentaciones. La presentación de fichas se parece a las presentaciones de las cartas del Tarot: seleccionamos varias fichas y las ponemos en un orden fijo en diversas posiciones.

Después de la selección y colocación de las fichas, interpretamos cada una por separado, de acuerdo a las interpretaciones de este libro, y combinamos todas las interpretaciones en un cuadro general.

Cuando las fichas se acomodan en una presentación, no es habitual interpretar sólo una ficha, o campo, de toda la presentación. Si sólo deseamos interpretar una ficha, debemos emplear sólo una ficha de predicción, y si se necesita, la ficha del buen consejo... no necesitamos una presentación. En otras palabras, si la pregunta o el problema planteado por el peticionario no necesita una presentación, ¡no se debe utilizar una!

En todas las presentaciones, las fichas que se ubican en diferentes posiciones, mirando hacia arriba y hacia abajo, se consideran fichas de predicción. En algunas de las presentaciones, es posible emplear también una ficha de dominó de buen consejo (¡una!), que se selecciona antes o después de la selección de todas las fichas de la presentación, y se coloca (mirando hacia arriba o hacia abajo) en un lado.

El proceso de hacer la presentación de las fichas en la superficie y voltearlas es idéntico en todas las presentaciones. Cuando se leen consecutivamente varias presentaciones, añadimos las fichas de la presentación que acabamos de leer a las demás fichas y las revolvemos muy bien por algún tiempo antes de pasar a la siguiente presentación.

Por favor, date cuenta que estas presentaciones son apropiadas sólo para un dominó “occidental” y no para dados Mu bajo ninguna circunstancia.

Empezaremos explicando las presentaciones de la simple (una con dos fichas de dominó) a la complicada (de siete fichas).

La presentación yo/él

La meta de esta presentación es en particular examinar la relación entre los miembros de una pareja. En mi opinión, es obligatorio que ambos cónyuges estén presentes mientras se interpreta esta presentación. (Algunas personas afirman que también es posible hacer preguntas respecto a un cónyuge ausente. En este caso, el cónyuge que está presente selecciona la ficha por el ausente.)

1. Revuelve las fichas.

2. La mujer (o el miembro de más edad de la pareja) selecciona una ficha y la pone viendo hacia arriba en la mesa.

3. El hombre (o el miembro más joven de la pareja) selecciona una ficha y la pone a la derecha de la primera.

1 Mujer (de más edad)	2 Hombre (más joven)	Ficha del Buen Consejo (hacia abajo)

4. El adivino (que en este caso no puede ser uno de los peticionarios) selecciona la ficha de dominó del buen consejo y la pone a un lado, mirando hacia abajo.

5. Ante todo, se interpreta la primera ficha (de la mujer), y luego se interpreta la segunda (el hombre), y se combinan las dos interpretaciones. (En esto es importante la habilidad del adivino para mejorar y completar los detalles de acuerdo a sus observaciones.) Si los participantes desean emplear la ficha del buen consejo, se voltea en este punto.

La presentación del triángulo

(o la presentación yo/él/ella)

La meta de esta presentación es en particular examinar problemas y obstáculos en la vida de la persona. (Algunos adivinos emplean esta presentación para encontrar la "tercera rueda" en algún tipo de relación de pareja). Las primeras dos fichas de dominó representan a los miembros de la pareja (como en la presentación yo/él) y la tercera ficha representa la "tercera parte". Esta presentación sólo se lee cuando está presente un miembro del "trío" (no importa cuál: un miembro de la pareja o la "tercera parte") y el adivino no lee esta presentación para sí mismo.

1. Revuelve las fichas de dominó.

2. El peticionario selecciona tres fichas, una tras otra, sin volverlas.

3. El peticionario selecciona una ficha de buen consejo y la pone en un lado, mirando hacia abajo.

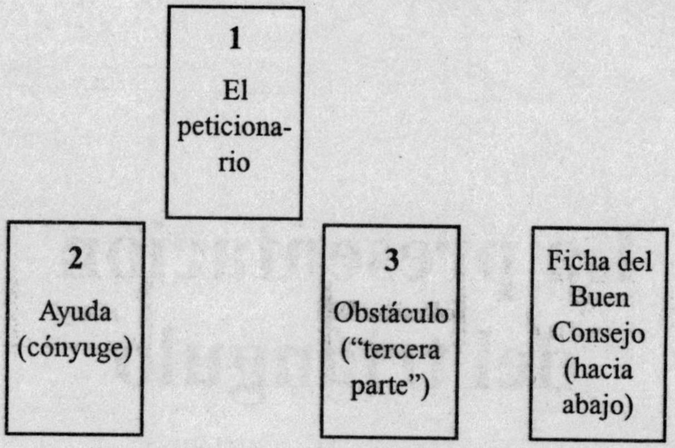

4. El peticionario revuelve las tres fichas que seleccionó y las acomoda en sus posiciones en la presentación, una tras otra, mirando hacia arriba.

5. Se interpreta la primera ficha, luego la segunda y por último la tercera, y se construye un cuadro completo. Si el peticionario desea emplear la ficha del buen consejo, la vuelve después de que se ha interpretado la tercera ficha.

La presentación del pentagrama

En esta presentación, se emplean cinco fichas de predicción (no existe ficha de buen consejo). La meta de esta presentación es el análisis del carácter del peticionario y la predicción de su futuro.

1. Revuelve las fichas de dominó.

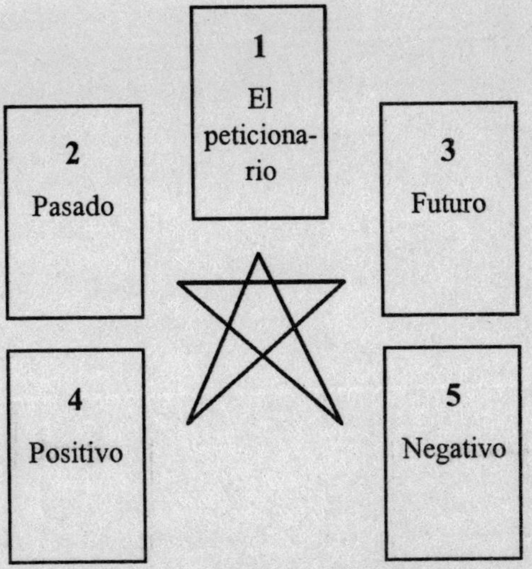

2. El peticionario selecciona cinco fichas, una tras otra, la pone en sus posiciones en la presentación y las voltea.

3. Cada ficha se interpreta y luego se interpreta el cuadro completo:

a. El peticionario: se concentra en los rasgos y habilidades de su carácter.

b. Pasado: qué se ha "acumulado" en la vida del peticionario hasta el momento.

c. Futuro: a lo que el peticionario aspira y por lo que lucha.

d. Positivo: qué ayudará al peticionario a lograr su objetivo (en el futuro).

e. Negativo: qué interferirá con el logro del logro del objetivo del peticionario (en el futuro).

Esta presentación es similar a las del Tarot.

La presentación de siete

Ésta es una presentación en que se emplean siete fichas de dominó de predicción, sin una ficha de buen consejo. La presentación es apropiada en especial para predecir el futuro en cada día de la semana siguiente (pero se puede emplear para siete semanas, siete meses o siete años).

1. Revuelve las fichas.

2. El peticionario selecciona y voltea siete fichas en sucesión y las coloca una tras otra, de izquierda a derecha.

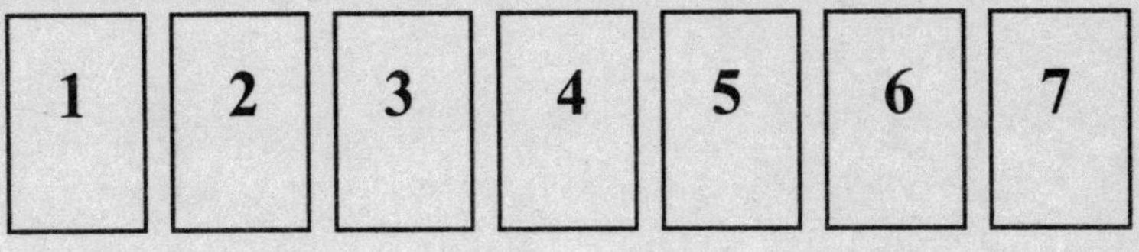

3. Las fichas se interpretan una tras otra: la primera para el siguiente día (mañana), la segunda para el segundo día, y así sucesivamente. Se interpretan en forma similar para semanas, meses y años.

4. Si el peticionario sólo desea la interpretación para un día particular, selecciona la ficha apropiada de la presentación. (Por ejemplo: "¿Qué me sucederá el miércoles?" Si hoy es domingo, la ficha número 1 se refiere al lunes, la número dos al martes y la número tres al miércoles, y ésa sería la que se interpretaría.) Siempre prefiero interpretar o predecir la semana como un todo más que interpretar sólo una ficha particular para un día particular.

La presentación mágica

(La presentación de herradura)

Esta presentación, que consiste en siete fichas de dominó de predicción, más una ficha de buen consejo que se expone primero y proporciona la intención general, es utilizada por místicos y adivinos profesionales del futuro.

1. Se revuelven las fichas de dominó en la mesa.

2. El adivino selecciona una ficha, la del buen consejo, la pone hacia arriba y reflexiona sobre su significado. Después la coloca en un lado.

3. El peticionario selecciona siete fichas, una tras otra, y las pone mirando hacia abajo en las posiciones pertinentes en la presentación.

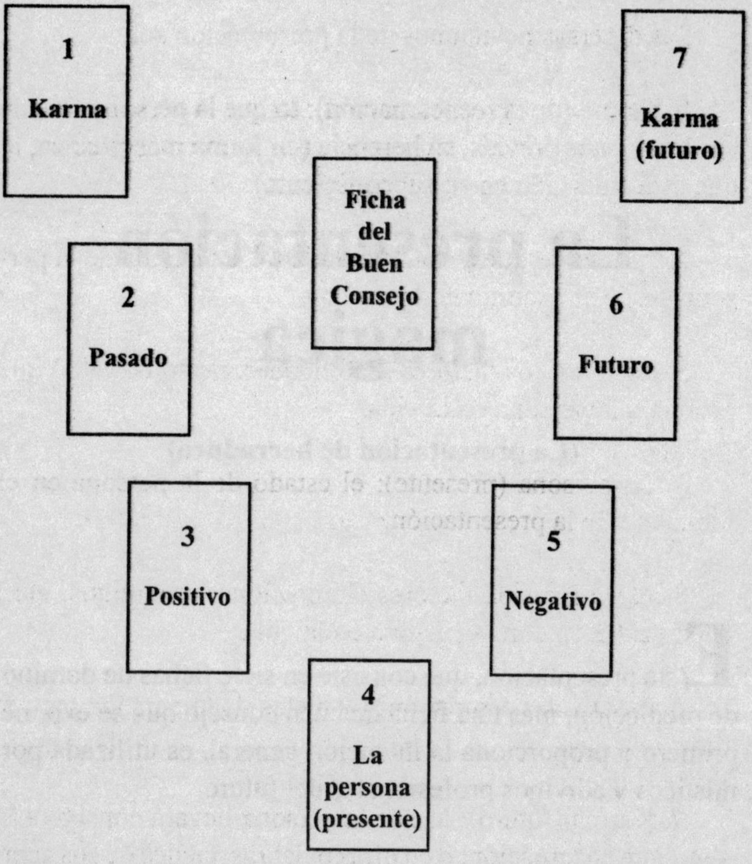

4. Se voltea la primera ficha, se interpreta y se vuelve a poner mirando hacia abajo una vez más. Se voltea la segunda ficha, se interpreta y se vuelve a poner mirando hacia abajo una vez más y así sucesivamente hasta que se completa la interpretación. Después de la interpretación de la séptima ficha, se voltean todas las fichas y se hace un resumen de la interpretación.

Las diversas posiciones de la presentación son:

1. Karma (de la reencarnación): lo que la persona trae de encarnaciones previas, su herencia (en forma más precisa, lo que está enterrado en su subconsciente).

2. Pasado: lo que se ha "acumulado" en la vida de la persona desde el nacimiento hasta hoy.

3. Positivo: los factores (habilidades, personas, etc.) que ayudan a la persona en la vida.

4. La persona (presente): el estado de la persona en el momento de la presentación.

5. Negativo: los factores (limitaciones, enemigos, etc.) que interfieren con la persona en la vida.

6. Futuro: las aspiraciones y metas de la persona para el futuro.

7. Karma (futuro): lo que la persona llevará consigo a la siguiente encarnación, o en otras palabras, cuáles de sus aspiraciones o metas hará realidad en esta vida.

Como dijimos antes, los adivinos profesionales del dominó emplean esta presentación.

Dados Mu

En la parte final de este libro, examinaremos brevemente la interpretación de los 36 dados Mu.

La predicción con los dados Mu es similar a la predicción con fichas de dominó: los dados Mu se ponen mirando hacia abajo (o se extraen de una bolsa opaca). La diferencia es que antes de seleccionar los dados Mu o de darles la vuelta, se entona un mantra al menos siete veces, de la siguiente forma:

OHM AAH RAA PAA TSAA NAA DHI

Se seleccionan uno a tres dados Mu o se voltean. Cuando se voltea cada dado, se entona su nombre en voz alta al menos siete veces. El dado Mu se levanta, mirando hacia arriba, se muestra al peticionario (las predicciones "personales" con dados Mu no son aceptables cuando la persona hace su propia predicción) y entonces se hace la predicción o se contestan las preguntas.

Los dados Mu se pueden comprar en el Lejano Oeste (en Tíbet, son verdaderas obras de arte). Por otro lado, puedes hacer los tuyos: prepara 36 pedazos de madera pulida, copia los dos signos pertinentes (sílabas) en cada uno (ve la introducción), y bajo los signos escribe los números 1 a 6, según sea apropiado.

En las próximas páginas aparece el nombre, oración e interpretación de cada uno de los dados Mu, de 1/1 a 6/6. (Es similar al I Ching).

El nombre es el tradicional del dado Mu de acuerdo a la costumbre en Tíbet y Nepal.

La oración es el lema verbal de cada dado, como aparece en los antiguos escritos budistas.

La interpretación consiste en las palabras clave que el adivino Mu combina en una "historia" que narra a la persona que busca consejo.

1/1 DHI/DHI

Nombre: **El estandarte de la victoria**

Oración: La persona que se refugia en la sombra de un gran rey podrá llevar a cabo todo lo que desee llevar a cabo.

Interpretación: Una familia muy unida, muchos amigos poderosos, ningún enemigo, buena salud, satisfacción de todos los deseos, éxito en todos los campos.

2/1 RAA/DHI

Nombre: **El puente de las buenas visiones**

Oración: Invoco a los dioses del occidente para que sean mis amigos.

Interpretación: Buena suerte, buenos sueños, cultiva tus amigos y tu riqueza, ningún enemigo, la cura tendrá éxito, logro de metas, éxito, "sigue el buen consejo de un amigo".

3/1 PAA/DHI

Nombre: **La medicina que parece néctar**

Oración: Llegar a la fuente de la felicidad en el dorado sur.

Interpretación: Buena familia, deseos que se vuelven realidad, riqueza, pocos rivales, escucha a tu médico y te recuperarás, buen estado de ánimo, más bien que mal... en general.

4/1 NAA/DHI

Nombre: **El tesoro de bienes preciados**

Oración: Extraer mantequilla de la leche como extraer una piedra preciosa del mar.

Interpretación: Un cambio para mejorar, metas elevadas, éxito, tus enemigos fallarán, recuperación lenta pero continua, alcanzar las metas (en el distante futuro), éxito (moderado), "como una construcción con diez mil habitaciones, cada una de las cuales es pequeña, pero juntas hacen que el edificio sea grande".

5/1 TSAA/DHI

Nombre: **La casa de las buenas nuevas**

Oración: El viento de la montaña trae buenas nuevas.

Interpretación: Un buen final... incluso si se requiere mucho tiempo, es bueno establecer los vínculos con otros, recuperación total, buenas intenciones, expectativas de mejorar.

6/1 AAH/DHI

Nombre: **El sonido del vajra** (la habilidad para alcanzar la iluminación)

Oración: La buena cualidad se amplía gracias a la buena conducta, lo que conduce al desarrollo de la mente.

Interpretación: La meditación y adoración del dios (en su aspecto femenino) conducirán a una buena vida, realización de las metas, los dioses te protegerán de tus enemigos, la enfermedad se detendrá, lograrás tus objetivos, "la luz derrota a la oscuridad".

1/2 DHI/RAA

Nombre: **El nudo infinito**

Oración: Observa la maravillosa escena ante tus ojos.

Interpretación: Una maravillosa vida familiar, éxito para alcanzar las metas, riqueza, amigos influyentes, ningún enemigo, pronto te curarás de una enfermedad, "pasión amistosa".

1/3 DHI/PAA

Nombre: **La carpa hembra**

Oración: La felicidad de la persona que se baña en néctar aumentará enormemente.

Interpretación: Una buena oportunidad de prosperidad familiar, un camino exitoso para las buenas intenciones, tus amigos serán tan numerosos como granos de arroz, tus enemigos no tendrán oportunidad de dañarte, las enfermedades desaparecerán sin dejar trazas, "deseos con objetivos: las aspiraciones dirigen el esfuerzo para luchar perpetuamente por la meta".

1/4 DHI/NAA

Nombre: **La rueda dorada**

Oración: Es sorprendente... ¡un tesoro se obtiene sin trabajo ni esfuerzo!

Interpretación: Estabilidad familiar, buenas posibilidades por largo tiempo, superarás a tus enemigos... gracias a tus muchos amigos, el tiempo es necesario para recuperarse de una enfermedad, "el que sube al trono debe sentarse en la silla".

1/5 DHI/TSAA

Nombre: **La caracola blanca**

Oración: Los pensamientos se renuevan como una melodía dulce.

Interpretación: Buenas noticias para la familia en el futuro, buenas novedades, noticias de amigos, ningún enemigo, pensamientos molestos (sanos), haz lo que desees porque el éxito está brillando en tu hogar, "buenas nuevas: gran fama".

1/6 DHI/AAH

Nombre: **La apariencia de Manjushri** (el Bodhisattva de la iluminación)

Oración: La sabiduría se encuentra en cada una de las treinta y seis direcciones.

Interpretación: Buenos fundamentos en la familia, no dudes en perseguir tu meta, tu riqueza se incrementará y tus amigos se harán más numerosos, tus enemigos te respetarán, la forma natural curará tus males, "eres uno con las cualidades elevadas".

2/2 RAA/RAA

Nombre: **Vierte mantequilla en la flama**

Oración: La pasión ardiente necesita chorros de mantequilla (añadir combustible al fuego).

Interpretación: Familia próspera; el cuerpo envejece, pronto todo quedará claro, el rojo producirá riqueza, vendrán noticias de lejos, las enfermedades sólo se disiparán con una ceremonia (de curación), lo que deseas es lo que será, "el placer se debe ver, no sólo sentir".

3/2 PAA/RAA

Nombre: **El estanque con una fuente de agua**

Oración: ¿Cuál es el motivo de construir un palacio en la playa del océano cuando sus arenas son barridas hacia el agua?

Interpretación: Problemas familiares en el presente, rayo de luz en el futuro, el cuerno de la plenitud está vacío y los amigos no ayudan, los enemigos son fuertes (más fuertes de lo que piensas), problemas en el cuerpo físico, espíritus malignos revoloteando encima, "la mayor alegría de todas también se deslizará en la escarpada colina".

4/2 NAA/RAA

Nombre: **El demonio del hijo del cielo**

Oración: Si el fuego lanza lenguas de fuego, se quema la persona.

Interpretación: Una situación familiar difícil e inestable, bolsa vacía; no hay amigos, muchos enemigos se acercan desde sudoeste, enfermedades graves con fiebre, peligro de fracaso, ceremonias religiosas expulsan el mal, "éste es el estado de alguien que sufre y que es herido".

5/2 TSAA/RAA

Nombre: **El arma grande y terrible**
Oración: ¡Derrota al enemigo!
Interpretación: Realiza ceremonias de protección para tu familia, el deseo de la victoria la causa, con el sudor de tu frente comerás el pan, una lucha difícil para eliminar tus enemigos, recuperación total (en el futuro distante), "una forma de vida conduce a la esclavitud que se te opone".

6/2 AAH/RAA

Nombre: **Los resplandecientes rayos del sol**
Oración: El horizonte está despejado y no hay polvo que forme una nube encima.
Interpretación: La vida y la felicidad de tu familia están ahora en la dirección correcta; en tanto te asegures que exista moderación, las dificultades son los ladrillos de la vida, te curarás de enfermedades menores;

ningún espíritu maligno quedará de ellos, "la separación de la oscuridad se está convirtiendo en luz".

2/3 RAA/PAA

Nombre: **El demonio de la muerte**

Oración: Matar, morir y destrucción.

Interpretación: La muerte amenaza; limpia tu casa y lleva a cabo rituales de purificación, no hay amigos, no hay riqueza, obstáculo tras obstáculo, peligro de enfermedad, los espíritus malignos se elevan de las aguas malignas, intención maligna, "una acción destructiva produce la destrucción misma".

2/4 RAA/NAA

Nombre: **El árbol seco**

Oración: Si la mente está trastornada, las aspiraciones no se realizan. Esto es sufrimiento.

Interpretación: Mientras tanto, todo está bien, una flama de repente destella y de repente desaparece, no hay riqueza, no hay amigos, las enfermedades pasan (y causan algo de daño), "cuando no hay aliento de vida, el alma se hace pedazos como un pedazo de cerámica seca".

2/5 RAA/TSAA

Nombre: **El rey del poder**

Oración: El rugido de tigres y leones bravos.

Interpretación: Un poder que crece previene la oposición, obtendrás lo que sea que desees, gran riqueza; muchos amigos, la falta de enemigos facilita tu camino, una enfermedad que no amenaza la vida, tienes un escudo contra los espíritus malignos, "el mayor poder siempre conduce a una mayor influencia".

2/6 RAA/AAH

Nombre: **La lámpara brillante**

Oración: El viento no sopla en una lámpara cuya luz es brillante.

Interpretación: Un momento feliz en la familia, una buena situación, tus enemigos están muy distantes, buenas noticias... malas enfermedades, espíritus malignos que se deben expulsar, no es tu culpa, la persona que planea algo malo produce algo bueno, "el que se ayuda a sí mismo".

3/3 PAA/PAA

Nombre: **El océano del néctar**

Oración: El sol de verano se está elevando.

Interpretación: La situación de tu familia es buena y está mejorando, una gran riqueza (en el futuro), los enemigos son tan numerosos como las aguas del océano, enfermedades menores (enfermedades del agua), armonía, "lavar eso limpia todo".

4/3 NAA/PAA

Nombre: **El bote enjoyado**

Oración: La visión exquisita del bote enjoyado que navega en el gran océano de néctar y se convierte en parte de él.

Interpretación: Una situación positiva, felicidad mental, alimento, riqueza, amigos, ningún ladrón y ningún enemigo, recuperación completa, éxito en el camino (incluso si no ha llegado a su destino), "el buen campo es el que produce felicidad".

5/3 TSAA/PAA

Nombre: **Carente de inteligencia**

Oración: ¿Quién puede atrapar un pedazo de papel arrastrado por un fuerte viento?

Interpretación: Dificultades y peligros en la familia; realicen rituales y manténganse unidos, riqueza (y amigos) están fluyendo entre tus dedos, enfermedades, "el pensamiento hace pedazos la mente".

6/3 AAH/PAA

Nombre: **Los rayos de néctar de la luna**

Oración: Buenas nubes causan alegría en el corazón.

Interpretación: Sólo los rituales de purificación producirán hijos sanos, actúa con calma y lentitud y lograrás tu objetivo, el alimento y la bebida serán abundantes (pero no una gran riqueza), enfermedades frías atacarán y pasarán, autorrealización, "quién camina por el camino sosteniendo una antorcha lleva la luz consigo".

3/4 PAA/NAA

Nombre: **El loto de oro**

Oración: El lecho de flores húmedo con el rocío del néctar es una visión que agrada a todos.

Interpretación: Buenas condiciones, todo mejorará, ganancias, todo es mejor de lo que parece, "la felicidad que destila gota a gota al final llenará un cubo".

3/5 PAA/TSAA

Nombre: **El demonio que entra a todo lugar**

Oración: Las aguas del océano están oscuras por el cieno que la cola del dragón levanta.

Interpretación:	Muchas dificultades, obstáculos en todo camino, leve oportunidad, enemigos, amenaza el viento portador de enfermedades, tu mente está inquieta, así que tendrás problemas para rectificar tu situación, "agitación en ebullición".

3/6 PAA/AAH

Nombre:	**El frasco del néctar**
Oración:	Bebe el néctar y gana la vida eterna.
Interpretación:	Buenas posibilidades en la esfera familiar, ningún obstáculo frente a ti, ningún enemigo, la riqueza fluirá hacia ti desde tus amigos, el tratamiento médico y los rituales de curación harán tu vida más sencilla como el néctar de la vida eterna, alcanzarás tu meta, "una vida tormentosa requiere de personas tranquilas".

4/4 NAA/NAA

Nombre:	**La mansión de oro**
Oración:	Cuando la montaña de joyas se encuentra sobre una superficie de oro, es sorprendente.
Interpretación:	Excelente, el cielo y la tierra se unen, riqueza sin fin, ningún enemigo, recuperación rápida incluso de una enfermedad grave, "algo muy bueno sobre algo que también es muy bueno".

5/4 TSAA/NAA

Nombre: **El demonio Mara** (obstáculos en el camino de la iluminación espiritual)

Oración: La alta colina aplasta todo lo que esté debajo.

Interpretación: Asegúrate de entonar tus mantras, dificultades en la familia, obstáculos, pocas posibilidades de amasar una fortuna y hacer amigos, muchos enemigos, enfermedades respiratorias que se deben curar, todo está cubierto por tenebrosas nubes negras.

6/4 AAH/NAA

Nombre: **El suelo dorado**

Oración: Cuando no puedes hacer conjeturas en forma apropiada, la respuesta continúa siendo desconocida.

Interpretación: Estabilidad familiar, fuerte voluntad; fuerte resultado, riqueza y amigos necesitan tiempo para madurar, un buen viaje, un buen futuro, un momento para todo, "la persona que continúa en su posición establece una base firme".

4/5 NAA/TSAA

Nombre: **La montaña dispersa de arena**

Oración: La gran casa de oro se está hundiendo en el polvo.

Interpretación: Una caída, cambios (para empeorar), pocas posibilidades (para el futuro), enfermedades (menores), el futuro no te sonríe, "la montaña se desmorona volviéndose polvo".

4/6 NAA/AAH

Nombre: **La montaña de oro**
Oración: La señal inmutable del bien.
Interpretación: La situación familiar es estable, el futuro es seguro y bueno, los amigos no se van, nada de enemigos, nada de enfermedades, "quien se mantiene en su lugar y no se mueve, es estable".

5/5 TSAA/TSAA

Nombre: **El gallardete de la fama**
Oración: Compórtate como un hombre que sube una bandera a la cima de una montaña.
Interpretación: Situación familiar normal, pero nada más, éxito futuro al mejorar los planes, riqueza y amigos caerán en tu regazo, falta de armonía (una enfermedad) en el cuerpo físico, pero ningún peligro de muerte, "¡todo se resolverá y lograrás la fama que tanto deseas!"

6/5 AAH/TSAA

Nombre: **La estrella brillante**
Oración: La energía del viento que aumenta es como la energía del viento en el cielo azul.
Interpretación: La oración y el incienso protegerán a tu familia, un buen momento para viajar y dar, buenos dones; buenos amigos, ningún enemigo, el aire nocivo produce enfermedades graves, "en el final del camino sabrás que alcanzaste tu destino".

5/6 TSAA/AAH

Nombre: **El dosel blanco de la buena fortuna**
Oración: El jardín de las flores que siempre florean.
Interpretación: Buenas condiciones, los deseos se cumplirán, haz sacrificios a los dioses y la riqueza llegará, éxito, "todos los caminos son seguros para ti".

6/6 AAH/AAH

Nombre: **El cielo inmaculado**
Oración: Qué ruidoso es el eco del vacío absoluto.
Interpretación: No hay mal en tu familia, no hay mal en tu vida, no hay obstáculos en tu camino, las ofertas de paz acercarán más a los amigos, riqueza distante; un enemigo distante, la fuente del bien está en la ausencia de espíritus malignos, "dar sin miedo es dar con todo tu corazón".

Índice

TÍTULOS DE ESTA COLECCIÓN

100 Hechizos de Amor
Adivinación con Dados. *Sara Zed*
Adivinación con Dominó. *Sara Zed*
Anorexia y Bulimia
Cábala al Alcance de Todos
Cómo Leer el Aura
Cómo Leer las Runas
Contador de Calorías
Diccionario de los Sueños
El Arte de la Guerra. *Sun-Tzu*
El Evangelio según el Espiritismo. *Allan Kardec*
El Libro de los Espíritus. *Allan Kardec*
El Libro de los Mediums. *Allan Kardec*
El Mensaje Oculto de los Sueños
Enseñanzas de la Madre Teresa
Esoterismo Gitano
Fe en la Oración. Ilustrado
Fobias
Hechizos y Conjuros
Kama Sutra. Ilustrado. *M. Vatsyáyána*
Las Profecías de Nostradamus
Los Planetas y el Amor
Los Secretos de la Bruja 1. Manual de Hechicería
Los Secretos de la Bruja 2. Manual de Hechicería
Los Sueños. *Morfeo*
Magia con Ángeles
Magia con Velas
Manual contra la Envidia. *Pura Santibañez*
Numerología
Reencarnación y Karma
Remedios Caseros
Salmos Curativos
Ser Chamán. *Ledo Miranda Lules*
Simbolismo Oculto de los Sueños
Sueños Eróticos. *Solomon L. Gold*
Toco Madera. *Diego Mileno*

Impreso en los talleres de
Trabajos Manuales Escolares,
Oriente 142 No. 216
Col. Moctezuma 2a. Secc.
Tels. 5 784.18.11 y 5 784.11.44
México, D.F.